U0943449

国家社会科学基金重大项目
『十二五』国家重点图书出版规划项目
中国现代文学馆钩沉丛书

主编　陈建功　吴义勤

刘甘栗　编

阅读雷加

——一个作家的人生画传

文化艺术出版社
Culture and Art Publishing House

国家社会科学基金重大项目
10&ZD099资助课题
《中国现代文学馆馆藏珍品的发掘、
整理、研究与出版》

中国现代文学馆钩沉丛书

主　编　陈建功　吴义勤

中国现代文学馆钩沉丛书总序

国人自古重“史”。而新史料的发现，对于历史研究的推进是不言而喻的。即便是湮没于历史烟尘中的一鳞半爪，也会使史家乃至读者如获至宝。在文学历史的阐述、文学理论的论证以及文学批评活动中，新史料的发现当然也每每相伴而生，同样为新的立论和新的阐发提供坚实的基础。更有学养深厚、学风笃实的学人，常常会把搜集所得的资料，整理编撰，既是为自己的研究课题服务，亦可供他人参考。这些资料，我们并不陌生，在林林总总的校点本、辑佚本、笺注本、年谱、诗文系念、书目、索引里都可窥其面貌。比如，鲁迅先生为了撰写《中国小说史略》，也曾搜集了大量的小说史料，又将这些史料整理成《古小说钩沉》、《小说旧闻钞》等。这自周至隋的36种散佚小说，毫无疑问成为研究唐代以前小说的重要参考书，也为普通读者带来了极大的阅读兴趣。这正是“钩沉”的价值。梁启超所谓的“过去人类思想行事所留之痕迹”，为我们了解前人所思所想，乃至理解“人类社会史可能性的一切”和历史进程提供了依据。这些“痕迹”的再发现，无疑多多益善。

作为集文学资料中心、文学展览中心、文学交流中心、文学研究中心等功能于一身的中国现代文学馆，在收集、保管、整理、研究中国现当代作家的著作、手稿、译著、书信、日记、录音、录像、照片、文物等文学档案资料的过程中，在和广大的研究者、作家及其家属、后人接触的过程中，不断接触到曾被历史遮蔽、湮没、忽略的有关人物及有关史料，因此，编辑、出版“钩沉丛书”，是水到渠成之事，也是现代文学馆工作的题中应有之义。这套丛书，旨在把我馆认为值得引起注意的、涉及现当代文学的史料予以发掘，把某些有助于文学研究的带有资料性的著述予以出版。举凡作家的年谱、回忆录、传记、散佚作品等均在丛书出版范围内。这一工作，有赖于著述者的劳动，也有赖于广大作家及其家属、后人的支持，这是需要向著述者和支持者致以诚挚谢意的。

然而，我以为不能不指出的是，“钩沉”是有价值的。但“钩沉”出来的，却未必件件都有价值。

因此，其一，本丛书所含所有书籍的出版，惟以我馆认识到的参考价值为取舍，是否真有“价值”，有待研究家和读者的考量与开掘。其二，“钩沉”，绝不是为了“爆料”，为了“翻案”，为了“听唱翻新杨柳枝”。这在世道浇漓学风蒙尘的当下，是不能不有言在先的。也就是说，若有人欲借本丛书中涉及的一些史料断章取义、哗众取宠，谋取商业利润，概由炒作者自负其责。本“丛书”所涉及的资料和史实，并未经过本馆的考证与甄别;所涉及的观点，只代表编撰者本人的价值立场与学术见解，与文学馆的立场、见解无涉。

如果诸公能够从这套丛书中获取一些资料，经过甄别辨析，成一家之言，作为丛书出版的组织者，便欣欣堪以慰之。

是为序。

陈建功

2010年5月7日

雷　加（1915—2009）

出生于辽宁省安东市三道浪头镇。早年就读于东北冯庸大学中学部，“九一八”后流亡关内，参加过“一·二八”淞沪抗战，1938年到延安，活跃于前线和根据地农村，著有大量抗战作品，曾任延安文协秘书长、延安文艺界抗敌协会理事。新中国成立后历任北京作协副主席，全国文联委员，中国作协第三、四届理事，中国作协顾问、名誉委员等。主要作品有长篇小说《潜力》三部曲：《春天来到了鸭绿江》、《站在最前列》、《蓝色的青棡林》，散文特写《五月的鲜花》、《半月随笔》、《从冰斗到大川》、《火烧林》、《南来雁》、《边城和人》、《沙的游戏》、《我属于这条大河》、《延安世纪行》等。《半月随笔二集》曾获首届鲁迅文学奖。从事文学事业70余载，笔耕不辍。

刘甘栗（1946—　）

雷加的女儿，在解放战争时期出生于朝鲜新义州。1970年毕业于北京大学国际政治系，主要从事人口问题研究工作，在雷加晚年协助处理资料整理和编辑出版事宜。主要成果：负责出版《雷加文集》、《雷加日记书信集》、《白马雪山·碧罗雪山·四莽雪山》等，编辑出版《生活与美——雷加研究》、《生活的花环——雷加文学回顾》、《时代歌者——纪念雷加》和《文学谈话》等。

目录

雷加，魅力毕现

（代序）

陈建功

雷加辞世前的几年，每年春节前后，我都会在中国作家协会举办的团拜会上见到他。有几次，蓦然间心中竟掠过一道阴影，就像听到一首雄浑激越的交响乐，已经隐隐感到曲终人散的定数。

的确，那时候他已经90岁。

最初那两年，他依然身板笔直，但步履已有些迟缓。再一年，则扶杖前来。又一年，他坐上了轮椅。……无论怎样，每年他都是会来的。还是那么精神矍铄，谈笑不减。走完这桌，转向那桌。老友重逢，远远地，高声大嗓揖手拜年。攀谈闲叙，正中下怀处，则中气十足地朗声大笑。走完了一圈，尽兴而去。那时候，团拜会往往还都没有开始。

他珍惜这一年一度的聚会，又一如既往，惜时如金。

古人说，向之所欣，俯仰之间，已为陈迹。

雷加过完了94岁生日，不久即远行而去。

94岁，已算是高寿，但熟悉他的人们——家人、友人和读者，无不难以割舍和他有关的一切：他的笑，他的故事，他的作品，他的执着与洒脱、勤勉与活力……

这本书帮助我们找回了这一切。

但我以为，本书的价值绝不仅仅是缅怀与追思。对于中国现当代文学史的研究者来说，它同样弥足珍贵。作为"附录"出现的康平、刘甘栗编撰的"雷加著译系年"，就毋庸赘言了。本书主体部分的编选堪称机杼独出。此前我也读过一些作家的后人为逝者编选的"纪念集"，多为相关人士回忆的集锦，当然受到了很多感动。出"画传"的也有，把传主的生平所历和业绩简要概括，附上照片、书影等，让读者睹影思人，也投入了相当的心血和劳动。然而刘甘栗编选的《阅读雷加——一个作家的人生画传》，带给我的可以说是耳目一新的愉悦和铭心刻骨的感动。它以雷加的人生轨迹为主线，截取本人的自述、散文的片断以及友人回忆、报章的特写、访谈，乃至史传的段落等，勾画出雷加在某一人生阶段或某一历史事件中的身影。正是通过这种多角度的感知与述说，传主一生的精神面貌、思想轨迹、个性魅力得到了多方面的引证和全方位的展示，给人带来的新颖独特的阅读感受和不忍释手的阅读效果，恐非一般的纪念文集所能匹敌。比如说到雷加的家世，本节的文字部分包括：马锦忠撰《著名作家雷加的祖上身世》节选，雷加散文《我属于这条大河》、《不算传说》的节录，雷加1987年回乡日记以及芦苇的特写《老作家雷加回故乡采风》，等等。其中有关于家族史谨严的考证，也有关于村名起源的传说，有文人慎终追远的情怀，也有革命历史谈往的自豪，有近乡情怯的忐忑，也有今夕何夕的感慨……这一切都呈现为时空的交织、角度的交织、繁略的交织。起始一节就展示了本书的叙事特色，全书的魅力亦自此开始。

正是这别具一格的体例，为这本画传提供了丰沛而生动的话语空间。当然，这一体例的确定首先要以对作家相关资料的丰富积累和熟稔为前提，无论是搜寻还是摘选，编撰者个中甘苦，是可以想见的。

本书的成功，最根本的原因还是雷加本人的魅力。

且读本书所辑传主关于童年的回忆，生机勃勃，童心未泯。这是他90岁时写的文章，使我们看到了八九岁时的他。而这八九岁时的他，岂不已为90岁的他锻造了性格的模板？——

早在八十年前，我是鸭绿江上第一个溜冰者。第一步，不是前进，而是在冰面上向前摔倒了。那时，电话刚刚流行，我第一次拿起话筒，说不出话，倒是它把我吓住了。我是我们那里第一个走出国境的人，首次坐火车到汉城看足球比赛，一声炮响——拍照片时的灯光爆炸，把我吓了一大跳。我上小学，不是念四书五经，而是学人、口、手、足、刀、尺。我是小学的童子军军鼓手。我第一个离开安东到沈阳上中学。我第一个遇见海啸涨大水，第一个见到在鸭绿江上日本军舰扫射探照灯，我15岁时参加过义勇军上前线。

在所有的“第一次”面前，他并不言说自己的胆量与勇气，但他毫不掩饰地面对“第一次”——摔倒也好，“吓一跳”也罢，那种余悸的享受和涉险的快乐。

这不就是童心么？

20世纪80年代，我有幸与雷加老同在北京市文联作家协会的专业作家支部。一次学习，他谈起延安时期的“抢救运动”，谈起自己“第一次”被打成“反革命”——他怎么在绥德一个七千人的大会上被揪出来，被说成是“汉奸、特务”，耳畔如何滚过“枪毙雷加”的吼声；他怎么百口莫辩，最后却喊出“我是东北人”、“打回老家去”两句至今得意的口号；他怎么被审讯、受刑、戴铐，怎么和妻儿分别被关在两个窑洞里，最后才发现，关押者锁错了门，被锁住的竟是他的老婆和孩子……开始的时候，他还是不苟言笑的——既是党支部学习，又是控诉“左”的路线，不“严肃”怎么行？但说着说着，他自己却忍不住先笑了起来，大概是越说越觉荒唐，最后竟至笑出了眼泪，断断续续，几次笑得难以继续……

我记得我当时也和大家一样，被他所感染，为之抚掌大笑。随后却越发有些不解了，这是怎么了？谁可以为这悲惨的“第一次”笑得泪花飞迸？

直到今天我才明白，有这样一种人，他永远带着童真的欣喜去迎接时代的大潮，即便屡起屡踣，也永远难改那阳光的本性。

雷加，此后的遭遇表明，他就是这样。

当然，更时髦的解释还可以有。比如关于信仰，关于心胸，关于阅历，以及其他。

我未必敢断言我说得对。我只是想说，除了记述他的创作和人生，这还是一本特色凸显的书。

它使一位作家的个性魅力久远地在现当代作家的群像中熠熠闪烁。

是为序。

2014年1月19日

第一章

山东移民后代

1．马锦忠《著名作家雷加的祖上身世》

雷加的祖先世居山西洪洞县，明洪武二年（1369年）有刘姓兄弟按照官府的指派东迁至山东省青州府乐安县（今广饶县）北部黄石湾畔住下，面湾而居立村为黄石湾刘家。后来，刘氏兄弟之一刘福，因人丁兴旺，人多地少，弃其在黄石湾分的井田，率自己的子孙南迁至乐安县城以北的淄河、阳河、泥河三河汇聚又散流的水口旁定居，后称为散水口村，1940年改称三水口村。刘氏的这一支始祖刘福在散水口村辛勤劳作，繁衍生息，至四世祖刘钦，因村中人众

山东省东营市广饶县西刘桥乡小高刘庄雷加的祖宅

土少，又西迁二里在淄河东岸一处高地居住。当时同去的还有一高姓，高、刘二姓来到淄河东岸立村定村名时，刘姓主张叫刘高村，高姓力主叫高刘村，最后两姓商定谁家先上了梁盖起房子，谁的姓在前。刘钦自认为家族人多，没当回事，但高姓家族没等天亮就约好族人和亲戚一起动手，一夜没合眼，天没放亮，就先于刘家上梁，并燃放了鞭炮。刘姓听到鞭炮响，从远处地边窝铺棚子出来一看，傻了眼，心服口服，于是按照高姓在前，刘姓在后，取村名高刘庄子。清嘉庆年间（1800年前后），雷加的十三世祖刘九鸣为避淄河大水又同另外几户刘姓在淄河西岸定居，取村名小高刘庄。

雷加祖宅门楣上的门牌

2. 雷加《我属于这条大河》

我的父辈属于“闯关东”一代，祖籍就是山东广饶。今年（注：1987年）我头一次去广饶，它给我的印象是，既古老又年轻，既贫穷又富于诗意。

广饶过去属于山东青州府。过去的人说，这里一刮西北风，水就发咸，可见它与大海的呼吸相连。不久前，它还紧临大海，出土文物考证，这块土地又已十分古老了，大约新石器时代就有人类在此活动。勤劳的人民永远走在时代前列，抗日战争时期它又是老根据地之一，先后建起“四边”、“三边”、“二边”、“广南”、“广北”等抗日政权……

早在“五四”之后，就有人在这穷乡僻壤传播共产主义思想了。1925年春，在广饶县内延集和刘集两个村庄建立了中共地下党支部。它是全国最早的农村

雷加在祖宅前留影

支部之一。这个党支部的存在既是不可思议的，更为珍贵的是这个党支部竟然保存下来一本1920年出版的《共产党宣言》，这是中国现存的最早的一个版本。

广饶面临莱州湾。产盐之乡虽然仅次于莒州，但并不富有，它的北部更加贫瘠，农民只以打草、晒盐、捕鱼为生。……

这里的土地确有些两样。这里已是大地的边缘，又是一条不安定的边缘。海水挡在它的前面，大地和海水之间是一片滩涂。滩涂仅是缓冲地带，它不时出现，又不时湮没。它不定型，又年年向前伸展。……

来到这里，远处海天一色，荒凉而又邈远，同时孕育着生命的节奏和浪漫的幻想。现在一幅真实的图画在升起，它像永世不欺的海市蜃楼一样，中国第二大油田——胜利油田就在这荒漠的滩涂上生长起来了。

3. 雷加《不算传说》

山东广饶过去有着辉煌的日子。

这里是孔夫子的故乡，它又是《孙子兵法》的诞生地。

据说第一本《共产党宣言》就是从这个港口，秘密传递过来的。据说，这本《共产党宣言》至今还在。

解放战争几大战役，离不开胶东根据地的支援。这里的担架队也是最出名的。据说当年抗日游击战，它的组织，它的活动方式，异于华北平原，又优于华北平原，各种战绩，有案可查。

总之，华北游击区早于东北游击区。这两个根据地联起手来时，那就是不可战胜的全国大进军的开端了。

今天，这里可观的景物也不少。

4. 雷加1987年回乡日记

10月22日，去我的原籍广饶县。下午广饶县综合介绍情况。

参观广饶县啤酒厂

参观垦利县炼油厂

参观大王庄针织厂

10月23日，参观县办工业，下午参观文化设施。

10月24日，去大王镇，这是他们的样板。

10月25日，周日，十三大开幕。上午座谈，下午去小高刘庄，还有祖传房基地一座。

5. 芦苇《老作家雷加回故乡采风寻根》

最近，著名老作家雷加借到胜利油田考察之机，顺便回到他的老家山东东营市广饶县“寻根”，受到当地政府和文化部门的热情欢迎。雷老今年已73岁，然而精神矍铄，步履轻捷，毫无衰老暮态，充溢青春朝气。下榻不久，即与当地领导同志交谈情况。当天下午，就召开座谈会详细了解广饶县的建设成就和巨大变化。第二天，他不辞劳苦地参观了化肥厂、酿酒厂、博物馆及文化遗址等。第三天，又去参观访问“东营一枝花”——大王镇，看工厂，串农家，找老人攀谈，给乡亲照相……兴致勃勃，热情洋溢。县文化局不失时机地召开业余作者座谈会，邀请雷老为作者讲课。雷老毫不推辞，面对30多名初学写作者娓娓而谈，情真意切地讲自己所走过的文学道路，讲文学创作的基本规律和成功经验，寓理于事说服力强。座谈会后，雷老回到他的老家——西刘桥乡小高刘村，探望众位父老乡亲。村里人多数只闻其名而未见其人，今日闻讯，蜂拥而至。当老年人忆起雷老父辈在旧社会被迫下关东逃荒的情景时，人们唏嘘不

雷加与乡亲们在交谈

小高刘庄的乡亲们

小高刘庄的姑娘们

止，感叹不已；当谈起近年来农村巨大变化和农民生活改善时，人们不禁喜笑颜开，赞扬党的政策。夕阳西下，雷老要走了，全村男女老少几乎全部涌到村头送行，有的送花生，有的送小枣，不少人眼里噙着泪花。浓郁的故乡情啊，使雷老深受感动。最后频频招手，挥泪而别。

第二章

鸭绿江之子

1. 雷加《童年》

我出生在鸭绿江边一个小镇子上，它叫三道浪头，单单这名字不知给鸭绿江添了多少美。

江岸坡陡，每天有两次潮水冲刷它。夹芯子随着潮水涨落，时高时低。各种烟囱的火轮停在江心，其中有个歪脖子烟囱，至今留在我的记忆中。等待装船的木排，遮满了江面。我知道下游不远出了江口就是大海，上游有个我梦寐以求的繁华都市——东边道属“安东”。

三道浪头码头

三道浪头港湾

1945年的三道浪头镇

我什么时候，第一眼瞧见这江水的呢？在梦中，还是在母亲的怀抱中，我记不清了。什么时候我才懂得它的江水，绿得这么美呢？我也记不清了。但，它的确绿得真美，绿得透心的美。

2. 雷加《童年》

雷加的出生地——辽宁省安东市三道浪头的家

雷加的父亲刘鼎臣——安东市老天祥大药房坐堂老中医

我想象不出我的父亲，这个文弱书生，早年是怎样来到这里的，但我相信他也受过老把头的保护。听说他在家乡考过秀才未中，回到半路上走着走着睡着了。体弱呢？灰心丧气呢？他来关东时一定也是挤在三等舱里，连动也不敢动，听着一片海浪声，脖子上挂着一串杠子头火烧，又干又硬，啃了一个又一个，一直到旅程的终点。那时他心里想的什么呢？他不能挖参，也不能放木头。那时他是那样年轻，能够相信自己的医术谋生吗？他写一手好字，后来全镇过年的对联全是他写的。他也有几本古医书，他又是怎样学习的呢？我听他说，我生下来的那天，这位年轻的父亲踩在没膝的雪里，一步一步向山中小屋走去。他吸烟，也喝一点酒。养了几盆花，还有一幅郑板桥的竹子，这就是他全部生活的色彩。此外，他谨慎、克己、平淡、清雅，又为什么那么名噪一时呢？为什么我们的家像所有闯关东的一样，除了几个同乡别无亲友呢？庭院中有明月星空，却没有当地的传说和歌谣。一个异乡客人，怎么单单留在这个小地方又落地生根了呢？

但是，我从父亲身上却看出他的传统的信念：要帮助人，尤其是同乡。已经来的同乡，有的编席子，有的以贩卖劈柴为生。他们来求帮，告贷从不拒绝。每隔几天就有从龙口、烟台开来的火轮，他们全部山东人打扮，携家带口，在

今日丹东闹市区的中华老字号——老天祥大药房

今日老天祥大药房悬挂的“坐堂名医”刘鼎臣先生的照片

我家住上几天，又转向别处。有的又一住住下来，作为长期的客人……

我父亲从来没有回过山东。他不想“海南”（闯关东的人称家乡为海南）吗？父亲在镇边上盖了几间草房，潮水小河沟，就直接通到门前。镇上只有一口好吃的水井；平常由挑水夫送水上门，按月付钱。这里地势较高，但那年海啸，海水进门，又淹没了炕沿。父亲当时害眼疾，多少天不好，只好用品红涂红了眼圈，一只小船把我们全家救到山上，他的眼疾也就不治而愈了。海啸能治眼疾，这是他想不到的医药良方。

3. 雷加《童年》

我的父亲，也是我的梦。他是从“海南”凭着祖传中医闯关东的。当时他也年轻，又是那么文弱，一直到老，他也是极其和善的老人。他有一双柔嫩红润的手，手指上留着长长的指甲。不到30岁他就蓄起胡须了，为的是他擅长妇科，常常给年轻的妇女把脉，不如此就不够庄重、正派。他讷言，又声音不大，

1984年，雷加在三道浪头镇留影

1990年5月，雷加再次回三道浪头镇找寻儿时的记忆（前排左一为赵大年，左三为雷加）

也不常正视病人，只是在看舌苔和专注病人面孔某一部分时，才看上一眼。他的声音只有病人听得见，又是那么娓娓动听，仿佛先向患者通过脉搏传进心声，这是驾驭人道主义所必需的。他的话，除各种病情专用语外，一般都是鼓励的话，解除顾虑的话。这些话如同一般的寒暄、问候，极其平常，然而又是不可缺少的，就像药方中离不开甘草之类那样。随着他的声望的增长，这些话的分量更加不同了。他的一分安慰，唤起了患者十分的信心。这在疗效上是十分重要的因素，后来他成了当地的时医和名医。当他的名声鼓噪一时时，仍极谦卑、和善。他是一个怕远行的人，却到鸭绿江对岸朝鲜龙岩蒲那个地方给人看病。有一次，一个病人拿走了他挂在墙上的水獭皮帽，他也毫无怨言。他从不呵斥我，我记得他在冬夜里还为我把棉袄里比针脚还密的虱子捻死，又放在一个小酒杯里。我不记得他曾违背过我的心愿，我15岁去沈阳，又流亡关内，还到过海外，在经济上他是负担不了的，但他从不阻拦，只有爱护，也从不担心。他在我面前，很少父亲的尊严，但我却格外敬爱他。

4．雷加《九十岁以后话童年》

说说我的童年。早在80年前，我是鸭绿江上第一个溜冰者。第一步，不是前进，而是在冰面上向前摔倒了。那时，电话刚刚流行，我第一次拿起话筒，说不出话，倒是它把我吓住了。我是我们那里第一个走出国境的人，首次坐火

1984年，雷加故乡行（之一）

1984年，雷加故乡行（之二）

车到汉城看足球比赛，一声炮响——拍照片时的灯光爆炸，把我吓了一大跳。我上小学，不是念四书五经，而是学人、口、手、足、刀、尺。我是小学的童子军军鼓手。我第一个离开安东到沈阳上中学。我第一个遇见海啸涨大水，第一个见到在鸭绿江上日本军舰扫射探照灯，我15岁时参加过义勇军上前线。

第三章

少年的追求

1．雷加《文学谈话》

当时安东有两个职业高中，一个是林科，一个是商科。我高小毕业以后，就考上了商业中学。在商业中学学习不到一年，那个冬天正好沈阳开了三省运动会，是冯庸大学主持的。学校是冯庸自己办的，有汽车、有飞机，还有什么什么，我就动心了。当时三四个人就一块儿到沈阳考这个学校。

2．雷加《文学谈话》

去了以后重新考中学一年级，冯庸大学有个中学部。是冬天去考的，从沈阳站下车到城里去住。这段路相当远，坐马车，冻得要死。而且听人讲，路上很危险，胡子厉害得很，一路很害怕。到了沈阳城里以后，一问才知道路走反了，要到冯庸大学还得回去，过了桥洞，又回到铁西，在揽军屯呐。我们所说的冯庸大学指的是中学部，我那时不到上大学的年龄。冯庸大学的大学部专门是学机械的，都是工科，它的口号是工业救国。我是1928年去的，1931年就事变了，也待了好几年。

冯庸大学的冯庸校长

3. 雷加《一支抗战的歌》

当年我是沈阳冯庸大学中学部的学生。冯庸这个名字常常是和张学良连在一起的，正像他们的父辈冯麟阁和张作霖在东北同样出名一样。东北大学系张学良所创，属东北所有。冯庸气魄更大，以自己名字命名学校不说，又独家经营。他本人也住在校内，亲自主政校政。依我说他是我见到的事必躬亲的最合格的一位校长。他标榜工业救国，城内有实习工厂。校舍建筑在南郊揽军屯，紧靠浑河，又有南满铁路在门前经过。这是一片开阔的河滩平地，校舍格局新颖，又有一个合乎奥林匹克规格的运动场，此外还有一个私人用的飞机场。校长冯庸有自

冯庸大学的礼堂

冯庸大学的晨操

冯庸大学的誓师活动

己的汽车、坐骑，还有自己驾驶的飞机。飞机二人座，大概是德国生产的。每年8月8日是校庆。我入学第一年校庆那天，冯庸驾机低空飞行，在运动场上空撒下一片片彩纸。彩纸上写着各种奖品，学生可凭此到小卖部领取各种食品和饮料。记忆尤深的是鱼皮豆，其味甘美，小城市没有，我在沈阳才第一次吃到。这种活动是娱乐，也是竞技和运动。它要奔跑、要追逐，又伴着青春的欢乐。

天天要锻炼和运动，这是冯庸办学“工业救国”应有之义。要“工业救国”，首先排除“东亚病夫”的羸弱，所以学校有一整套特殊的管理和要求。每天早晨起床号一响或未响之前，冯庸本人已穿戴整齐（他的服装与学生一致），站在宿舍大门中间（宿舍之大实为少见，十几排铁床，可住三四百人），宿舍大门是他打开的，用他那一根狗头银饰手杖连连敲着地板，号声和手杖的威力，使学生们纷纷从床上跳起，像一股股浪头似的冲出大门，先到洗澡间淋浴，然后在礼堂前边集合早操。早操多半是跑步，早操之前先唱校歌。个个站得笔直，我总觉得严寒冬天比夏天时间来得长些，因为不到两分钟两手血管的温度首先降到零下十几度，冷不可耐了。还有不论冬夏，每到下午的运动时间，宿舍和图书馆的门一律上锁，学生都得到操场上去。此外，还进行军事训练，教官都是由军校请来的，我敢说，一些动作的要求不次于任何正规部队。

4．雷加《生命的绿洲》

8岁那年我就有自己的藏书了。只是一个火柴木箱，其中有《封神榜》、《三国演义》、《红楼梦》……这些都是我用压岁钱买来的。读中学时，我在相同的一排书柜中也有自己的一个。这个学校实行军事化。早晨淋浴代替洗脸，然后在严寒中跑步。宿舍和礼堂同样的大，每个床头有小衣柜，礼堂里有一个座位，也有一个书柜。

1930年，在冯庸大学中学部学习的雷加

1929年，冯庸大学青青篮球队（二排左二为雷加）队员合影

20世纪80年代，雷加迎接来自台湾的冯庸大学校友，相互亲切拥抱

20世纪80年代，海峡两岸冯庸大学校友会面时合影（前排右一为雷加）

这些书柜高高立在墙壁周围，每人一个。它有门，有锁，和蜂房差不多。我的书柜中，有《鸭绿江上》，有《女神》，有鲁迅的书。“九一八”那天，爬上大烟囱可以望得见北大营冒起的黑烟。不久，我们也面对面地看见日本侵略军的面孔和枪口了。我们被围在走廊外面一个三角地带，头顶上就是那座主楼。走廊上一阵阵脚步声，一阵阵撕裂旗帜声，还有一阵阵捣毁书柜的枪托声。书柜落地声，就像机枪射向灵魂的子弹。异民族带来的摧残，不仅限于生命，还有甚于生命的精神文化。

第四章

青年流亡者
开端文学生涯

1．雷加《一支抗战的歌》

正因为校内有飞机、有枪支，“九一八”事变第二天，日本侵略军就乘汽车来了。除了北大营，我们学校被当成了第二个目标。先把我们围在锅炉房外面墙角里，支上两挺机关枪，然后一队队日本兵在校舍内进行全面搜查。我们这些学生竟成了最大捕捉目标，直到傍晚，这群强盗才呼啸而去。

校方做出安排：立即集体撤离。我们连夜空手徒步，越过南满车站，直奔北宁线皇姑屯车站。

就这样，我们别离了故土沈阳，经山海关来到北京。

2．雷加《一支抗战的歌》

1932年，“一·二八”淞沪抗战时的雷加在上海浏河口前线

我们住在广安门内师大二院校舍内，当时从菜市口到广安门是一条尘土飞扬的大街，不少出名的会馆都在宣武门外，几家大报馆也在宣外大街上。菜市口的西鹤年堂也因为这是斩首示众的场所而远近知名。不过我们留恋的是师大二院的大操场。它同沈阳操场比起来，只是沙砾少些，尘土多些。军事教官在我们生活中一直占主导地位，现在目标更集中，再没有

1932年，“一·二八”淞沪抗战，冯庸大学抗日义勇军准备出发

1932年，“一·二八”淞沪抗战，冯庸大学抗日义勇军在上海浏河口一带挖掘的堑壕

比军事生活更能鼓舞斗志的了。我们每天早晨跑步开始，做着各种军事活动，仿佛为了一个切近可靠的目标。

所有的学生公寓，都在西城。所有的游行队伍，也都是由西向东行进的。西直门是游行队伍的集中点，又是大进军的出发点。这

1932年，“一·二八”淞沪抗战，冯庸大学抗日义勇军

1932年，“一·二八”淞沪抗战，冯庸大学抗日义勇军的女生队（之一）

是因为具有抗战意识的各大学大多在西城，那么，进关的东北流亡学生及其学校，也都在西城就不足为奇了。这时成立了收容东北学生的东北中学，也成立了专门供应东北学生的简易食堂。

“一·二八”淞沪抗战开始了，“冯大”同学组成了抗日义勇

1932年，“一·二八”淞沪抗战，冯庸大学抗日义勇军的女生队（之二）

军，立即开赴前线。

我们全副戎装，每人戴一顶白兔毛缝成的双耳下垂的皮帽，不仅别致，也颇为壮观。由广安门步行到前门车站无疑是一次示威，也是我们这些东北学生得以如愿以偿的首次行动。

我们乘坐的闷罐车是用卧轨的壮举争来的。现在前门车站的铁轨已拆除了，但那一次及“一二·九”前后的卧轨的记忆，是永不会在这些流亡学生头脑中抹掉的。

“冯大”抗日义勇军开赴前线是一条不大不小的爆炸性新闻。义勇军中有女兵，女兵龙文彬的头像登在画报上面，这消息立即传遍全国。我们先到上海郊区，又到浏河口，在大堤上不停地挖战壕，我们为将开来的抗日部队准备着。挖了几天之后，为了避免日机白天干扰，改为白天休息夜间工作。我们住在老乡的茅屋的地铺上，也记得那是月亮正圆的日子，夜晚江堤上由于江水的反射，犹如白昼。大概是白天休息的第三天正午，在日机的侦察之后，敌舰偷偷开进长江口，并用海军大炮开始了轰击。敌舰停在浏河口江面上，距离村庄不过二三里。海军炮是那样震天地响，就像一个个炸雷。每颗炮弹都从我们头上飞过，同时敌机群也在头上盘旋，我们立即撤退，炮弹都落在前方。我们飞跑的速度当然没有炮弹的速度快，因此炮弹永远落在我们前面。当我们停下来时，炮击也停止了。这阵炮击是为敌军开路，据说，敌军由此登陆才使上海失守的。总之，抗日部队始终没有来，我们在无任何兵种掩护下平安地撤下来了。我们的撤退也是按平时训练的规范进行的：起床、打背包、集合、跑步——又是从容不迫的。以我为例，跑出500米后，突然发现我的钢笔失落在茅屋内，那是在中午休息时，我记了日记之后顺手将钢笔放在枕头下面的。我终于能够一个人回去在稻草中间找到钢笔，又追上后撤的队伍。

3. 雷加《一支抗战的歌》

我们从浏河口撤到苏州，又从苏州撤到大后方——北京。我们学校由师大二院搬到西直门陆军大学旧址。它叫崇元观，可是殿堂早已不见了，现在是一排排灰瓦平房，便于设置教室和宿舍，最后面又是一个大操场。由灰砖墙围起

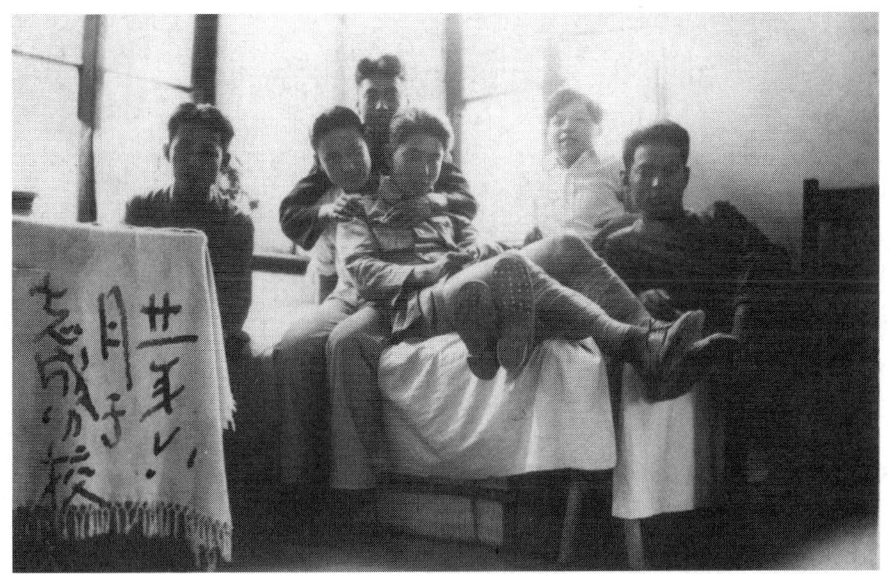

1932年6月，雷加随冯庸大学师生流亡至北平（右三为雷加）

来，墙内一排柳树。我们满腔志士的热血，又是青春年华，每当皓月当空时，常常是遥望关外的家乡，又带着月上柳梢头的诗意。

时局逐渐平静下来，愤怒的火焰也一时掩息下来。“冯大”在准备复课。复课没有实现，倒是冯庸大学与东北大学合并了。学生情绪的寒暑表在下降，读书的空气浓厚起来。在两校合并的同时，有的同学报考燕京大学和清华大学去了。有不少人报考了杭州苋桥的航空学校，倒是这些人在“七七”事变的空战中光荣地实现了自己的献身精神。有一些人一头扎在北京图书馆，为将来的战斗积蓄力量。这些人不是少数。他们散居在西城区各个公寓里，每天早晨按时来到北海北京图书馆，像是走进自己的教室。每天有固定的位置。他们有自己的引路人，引路人就是一张张大致相同的社会科学阅读书目。他们表面上是那样甘于寂寞，他们的生活又是那样地平淡无奇。中午只在附近的斤饼斤面摊床上果腹，傍晚才走回自己的公寓。

有多少人难以忘怀这种公寓生活。是不是当时只有北京才有这种又低廉又服务周到便于学习的公寓呢？它哺育过那么多的穷学生，这些穷学生中又出现了那么多的学者和志士。公寓生活的存在，我以为它是精神文明和学术研究的殿堂。这些公寓遍布西城二龙路、辟才胡同，还有北大红楼附近的中老胡同、东老胡同，还有后门的慈慧殿……

当时我就是住在公寓去图书馆的东北流亡学生中的一个。

4．雷加《雷加谈话实录》

谈谈人生的几个转折。当时，中国人都要打日本是没有问题的，而读书救国是一个口号。抗战也有两条路。一是考国民党空军，在杭州有个国民党的航空学校，我们很多同学都考到那里去了，一抗战，打死了几个。再有的就是左派了，不到国民党去，没有兴趣，正好到日本去比较便宜，路也近，在日本的生活和在上海生活水平差不多，花不了多少钱，所以就到日本去了。在日本两年，接近了一个进步团体，这是一个转折。在日本接近了进步团体，和共产党有关系的人，引我走上了革命道路。从日本回来，就是救亡运动、“七七”事变，然后就是到延安去。

5．雷加《我和田风》

我在东京的日子，过得十分沉重，但又有不少的机遇。我和田风在东京经历了不少的事件，如日本少壮军人制造的“二·二六”事件；轰动一时的《日出》在东京的演出；《质文》杂志的出版；郭沫若在某个会馆讲演时遭到国民党党徒的袭击；以及千叶县北条海岸聂耳不幸的溺水事件……

当时留学生散居在东京各处，但都在东亚日语补习学校相聚而又相识。铁打的兵营流水的兵，班上的同学来了一批又一批，周转不息。有从上海、北京来的，有从被敌占领的东北来的，都在这里相聚相识，同学之间的友谊和活动，多半从这里开始再慢慢扩大。

1936年，在日本学习的雷加

1935年8月，冯庸大学留日同学会会员合影（前排左二起：雷加、刘立伟、张殊）

田风告诉我，从他参加戏剧活动以来经历了不少斗争。郭沫若在日本东京对留学生两次演讲，由国民党分子把持的留日学生会都进行了破坏活动就是例证。有一次我参加了。这次是在神田区一个青年会馆举行的，讲题是：“中日文化交流”。郭沫若由外地仓忙赶来，不及终场，一些捣乱分子将鸡蛋和烂梨向台上掷去，并呼出各种反动口号。后来进步学生成立新学联，在大会酝酿选举时动起武来，以致闹到大使馆。后来正式成立了“剧人协会”，先后参加者有杜宣、任白戈、丘东平、高原、吴天（洪为济）、林为樑、王式廓、张水华、聂耳、浦风（诗人）、田风和我。成立后首次演出的是果戈理的《巡按》和吴天的独幕剧《堤》，以后又演出易卜生的《娜拉》。在《日出》演出中，我认识了张水华，人虽年轻，但导演风格已十分成熟了。《日出》的两个人物，一个饰白露的凤子，一直活跃在文坛上；另一个饰顾八奶奶的颜一烟，我和她又一次在延安相遇，“八一五”后又一起徒步进军东北，在沈阳同台为东北老百姓首次歌唱了《东方红》歌曲。

1936年夏天，大部分留学生集中在千叶县北条海岸。这里有优雅的环境和低廉的房租和生活费用，这也就是中国留学生所以愿意到这里来的原因了。每天下午是大家集会的时间。整个海滩热闹起来了，这里才是我们穷学生的天堂。一个使人震惊的事件发生了，那就是聂耳同志不幸的溺水事件。聂耳当时住在上边一个渔村，相距一段路程，平常我们不在一个海滩上。事情发生以后，我和田风一起赶到现场，那里已集聚了很多人。谁也不相信这是真的，都感到极大的震动。几乎所有临近海岸的留学生都来了，这就形成了一个大集会。那是在海岸深处一片低矮的丛林里，空气凝结了似的，匆忙的脚步，低声的谈话，大家在悲痛中关注着一件庄严的工作，那就是尽其所能为我们伟大的音乐家筹备一个寄托哀思的灵堂。追悼会既简单，又肃穆。树林中挂满了挽联和花圈，还有那些激励人心的演说。整个会场上空，仿佛覆盖着一面低垂的旗帜，所有的人都在热吻这面旗帜，甚至在掀开这面旗帜一角时，还听得见由地心深处发出的一片雄壮的呐喊声。

聂耳的死，在我们心中像是爆发了一场远离祖国的地震，而他的余震又是那样连绵不断。不久，在国内爆发了震惊中外的"一二・九"学生运动。这时东京的政治气温下降，许多留学生纷纷启程回国。后来，在各种学生运动中抗战歌声不断，而其主旋律就是聂耳的《义勇军进行曲》。这是时代产生了聂耳，聂耳又用他的歌声呼唤着全国人民进行神圣的抗日战争。我和田风也是在这一片回国声中互相告别了，也都是先后不同地投入了解放区的怀抱。

6．雷加《夏令营》

1937年6月，我生平第一次参加夏令营。

这次夏令营由中华民族解放先锋队（简称民先）在北平西山举行的，也就是在民族危亡关头二十九军在卢沟桥向日本帝国主义发出第一枪之前举行的。这第一枪是抗战的先声，或者也可以说是由这场伟大的学生运动引发了第一枪。使我难忘的是这第一枪。

西山夏令营的旧址樱桃沟尚在，有篆刻的文字纪念它。其实那个烽火台似的小小山峰本身就是一座纪念碑，是它引导民先队员向它集中的。它那崎岖小路，它那嘹亮的歌声，它那热血沸腾的心房的跳动，是那永远忘不了的一切。

1937年5月，在北平参加“民先”组织的夏令营活动。张瑞芳主演《放下你的鞭子》，后面戴鸭舌帽者是雷加

是那不久卢沟桥发出的第一枪，才使这次行动变成了抗战史的前奏。

在夏令营营地演出的《放下你的鞭子》，应该也是从戏剧界阵地上发出的第一枪。

《放下你的鞭子》这个活报剧已经演出多次了。这次夏令营的演出是由张瑞芳和崔嵬二人领衔演出的，这二人后来都成了新中国的一流演员，而那些热情的参加演出的群众，后来也都成为各个抗日战场上的斗士了。

7．雷加《文学谈话》

我的文学生涯应该是从我读图书馆的时候开始的。王维镐想出一个刊物《薇蕨》，刊物出了两期或三期，三个人搞，王维镐、刘曼兮和我。我们三人常常在一起写文章，有时也投稿。我在《大公报》上投稿，有时登，有时不登。爱好早就爱好，很喜欢文学。真正开始写作是那时开始写的，但是没有什么东西留下来。

8．康平《迎着时代前进》

雷加最早的作品是1937年的《平津道上》。在这篇短文里，他为我们真切地描绘了卢沟桥事变后，战云密布的平津一带的战争图景，和爱国青年勇敢地冲破敌人的封锁线到抗战前线去的激情。

9．雷加《与生活同在》

我的文学生活从“七七”事变开始，也是从“九一八”事变开始的。它是从民族大灾难的摇篮中诞生的。我为“打到鸭绿江边”这个战斗口号而生，我也是沿着这条民族解放大道走过来的。我最初写下的《最后的降旗》、《血的日子》等篇，这些标题便是最好的例证。

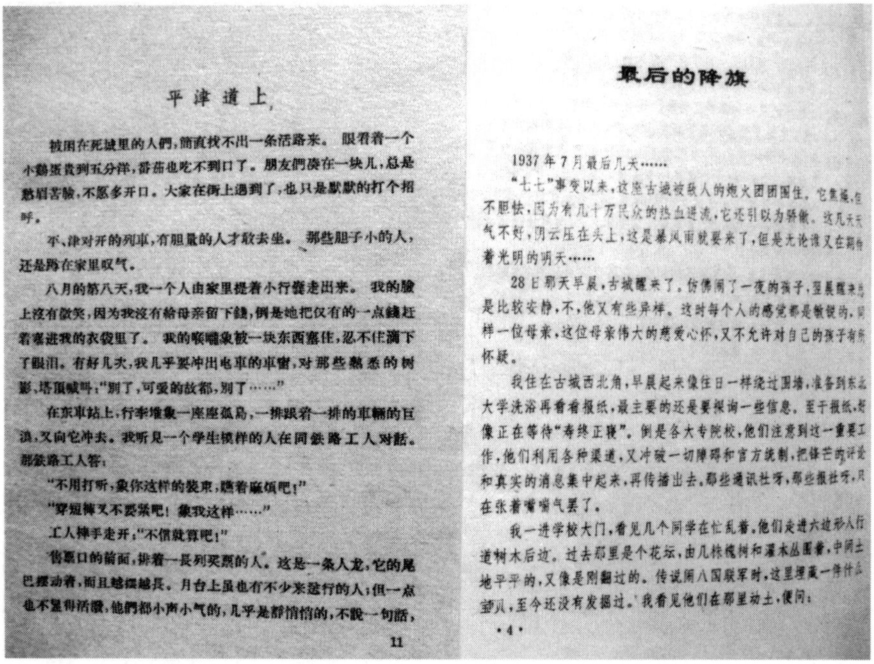

平津道上

被困在死城里的人們，簡直找不出一条活路来。眼看着一个小鷄蛋貴到五分洋，番茄也吃不到口了。朋友們凑在一块儿，总是愁眉苦臉，不愿多开口。大家在街上遇到了，也只是默默的打个招呼。

平、津对开的列車，有胆量的人才敢去坐。那些胆子小的人，还是蹲在家里叹气。

八月的第八天，我一个人由家里提着小行囊走出来。我的臉上沒有微笑，因为我沒有給母亲留下錢，倒是她把仅有的一点錢赶着塞进我的衣袋里了。我的喉嚨象被一块东西塞住，忍不住滴下了眼泪。有好几次，我几乎要冲出电車的車窗，对那些熟悉的树影、塔顶喊叫：“别了，可爱的故都，别了……”

在东車站上，行李堆象一座座孤島，一排跟着一排的車輛的巨浪，又向它冲去。我听見一个学生模样的人在同鉄路工人对話。那鉄路工人答：

“不用打听，象你这样的装束，瞧着麻烦吧！”

“穿短褲又不要紧吧！象我这样……”

工人摔手走开：“不信就算吧！”

售票口的前面，排着一長列买票的人。这是一条人龙，它的尾巴摆动着，而且越擺越長。月台上虽也有不少来送行的人；但一点也不显得活潑，他們都小声小气的，几乎是靜悄悄的，不說一句話，

11

最后的降旗

1937年7月最后几天……

“七七”事变以来，这座古城被敌人的炮火团团围住。它焦躁，但不胆怯，因为有几十万民众的热血迸流，它还引以为骄傲。这几天天气不好，阴云压在头上，这是暴风雨就要来了，但是无论谁又在期待着光明的明天……

28日那天早晨，古城醒来了。仿佛闹了一夜的孩子，翌晨醒来总是比较安静，不，他又有些异样。这时每个人的感觉都是敏锐的，同样一位母亲，这位母亲伟大的慈爱心怀，又不允许对自己的孩子有所怀疑。

我住在古城西北角，早晨起来像往日一样绕过围墙，准备到东北大学洗浴再看看报纸，最主要的还是要探询一些信息。至于报纸，好像正在等待“寿终正寝”。倒是各大专院校，他们注意到这一重要工作，他们利用各种渠道，又冲破一切障碍和官方统制，把锋芒的评论和真实的消息集中起来，再传播出去。那些通讯社呀，那些报社呀，只在张着嘴喘气罢了。

我一进学校大门，看见几个同学在忙乱着。他们走进六边形人行道树木后边。过去那里是个花坛，由几株槐树和灌木丛围着，中间土地平平的，又像是刚翻过的。传说闹八国联军时，这里埋藏一件什么宝贝，至今还没有发掘过。我看见他们在那里动土，便问：

·4·

1937年，雷加最早发表的两篇文学作品——《平津道上》和《最后的降旗》

10．雷加《一支抗战的歌》

东北救亡团体创办了《东北知识》杂志和《东方快报》，它们是舆论阵地，又是战斗实体。因为我当时在一家通讯社工作，“七七”事变之后我以记者的身份视察了宛平城。当时的印象后来写在一篇题为《宛平·炮弹·红指甲》的短文中。

由北京出走，这又是一次流亡。能流亡的都流亡了，这属于变相的民族大迁徙。但也有一些人留下来，就像当年“九一八”事变由沈阳出走，也有一些人留下来。当然，火种总是埋在地下。这次出走的人由塘沽上船先到山东半岛。在渤海湾那些天的月明之夜中，一支“流亡三部曲”的歌声不知引出多少眼泪，汇入千涛百浪之中。

11．雷加《文学谈话》

“七七”事变，我没有钱。当时马加有一点钱。不知他从哪里搞到一笔钱，可能是稿费。还有一个王辛波，我们三个人成立了一个文艺青年写作会，当时就合计我们能不能先走一步，到上海去报道北平的一些情况。当时可以坐船，一合计马加的钱不够我们三个人坐船从天津到上海。我当时只有几块钱，没办法，就商议我先走。我马上给家里写信，家里寄钱来以后他们再走。我就先走了，经过虎头崖，经过潍坊，到了蔚县，到了济南。我的那张流亡的照片是在济南拍的。从济南到了南京。在南京成

1937年“七七”事变后，雷加流亡到济南时留影

立了平津青年写作会。当时有师田手，有马加，还有搞美术的吕荧。还有一些人，有一个张瑞芳的姐姐叫张楠。 这个人现在到底在哪里？找不到了。后来南京沦陷了，我们就跑到了武汉。当时也没有办法，我就找到舒群。我与罗烽、舒群是在南京认识的。他们是从上海撤退的，我们是从北平流亡的。这样，在南京，大家都会合在一起了。那时，认识了很多人，张仃，还有罗烽、舒群都是在那里认识的。那时，舒群给我写了一封信，介绍给周扬。周扬那时在边区政府教育厅当厅长。我是拿着这封信进边区的。

12．雷加《地球之巅》

我们共同组织了平津青年写作会。多少人在赞赏我们那份工作劲头，还有那份负有神圣使命的责任感呀！还有人记得这是南京城里哪一个中学吗？整个校园挖了防空壕，敌机一来，我们就躲进去，平时在屋子里埋头为报纸赶写北平沦陷的报道。我们要向全国尽快地报道出来。我们十分自信。只有我们，除了我们这些亲身感受到沦陷的痛苦，又在敌战区逃出来的人，还有谁能比我们

1937年8月，平津流亡同学会在南京成立“平津青年写作会”（右起：师田手、吕荧[何洁]、江陵、张楠、雷加、马加……）

掌握更真实的第一手材料？不由我们，又由谁来肩负起报道的任务呢？

可是不久，连南京也沦陷了。我们这个小团体的战斗成员，又奔赴各个战场。

13. 赵荣生（卫立煌的秘书）《回忆卫立煌先生》第七章　战地文工团

下面是我尚能记忆的工作团人员名单：延安抗大学生（四人，略）、陕北公学学生（五人，略）、北京大学学生穆毅（魏伯）等。向八路军西安办事处要求赴延安，被办事处介绍随延安来的学生同来工作团的有：潘笑圃、张园基。其他方面的流亡学生有：孙香亭等七人。还有一个东北籍的青年刘涤，闻说工作团成立之后去陕北，也来参加。其实际目的是想搭车去延安。我也同意刘涤参加，同样发了军衣军毯，等等。到了延安后，他即退团入学，此人即是现在的著名作家雷加。

第五章

延安岁月
战斗生活

1．雷加《文学谈话》

从西安到延安这段怎么走？没有车，又带个小孩子（注：大儿子刘立伟），很困难。1938年3月，国民党方面卡得还不算严。正好在西安一下子碰到魏伯了。魏伯由于地下党的关系进了第二战区，成立了一个战地文工团。那时，朱穆之他们都在里面。我问，你们到哪里去？他说，过黄河，到山西，路线要经过延安。我说，我参加你们的团吧！他们有汽车。我就坐着他们的汽车一块儿到了延安。到了延安，我下车了。我说，我带着个小孩子怎么办呢？我不走了。我拿着舒群的信去找周扬，就要我进了抗大。在抗大，写了一些文章，也发表了一些，就在抗大学生中传开了。这时，边区文协组织抗战文工团，柯仲平是

抗日战争时期的革命圣地延安

第一组的负责人。要组织第二组，有高敏夫了，还得选两个人，一个是我，一个是韦明。从前方回来以后就到文协了，丁玲很快就来了。我搞了一年秘书长工作，后来又搞了文艺小组。

2. 阎纯德《生活的开掘者》

延安，对雷加来说，那抗日的烽火中，艰苦的考验，不仅是他生命的真正开始，也是他文学生涯的真正起点。在那里，他开始认识生活，并懂得怎样生活。

1938年春天，23岁的雷加，在抗日的烽火中，凭着舒群写给周扬的一封信，来到延安。他先在“抗大”四期学习，后随延安文化协会组织的抗战文艺工作团第二组去冀中抗日根据地做宣传工作。1939年，回到延安担任“文协”秘书长。中华全国文艺抗敌协会延安分会成立后，被选为理事，并在文艺小组工作文员会中工作。他到过绥德、米脂农村，担任三年乡文书和乡指导员，参加了减租减息、选举运动和大生产运动。他说：“我对陕北农民有感情，他们怎样‘闹红’，他们的故事、传说、风土、人情，都很吸引人。那里的水和小米养育过我，陕北是我的第二故乡。”

雷加、伊苇于1940年冬天在延安文抗山下（右起：雷加、伊苇、高阳）

1941年5月1日，在延安文抗，雷加与伊苇结婚

3．雷加《在窑洞里》

我的工作单位——延安文化协会，没有一间房屋，只有窑洞。别的机关，也是如此。还是先从窑洞说起吧！

窑洞小，住一个人，或两个人。只有吃饭时，大家才集合在一个大窑洞里。这个大窑洞又是厨房又是食堂，少数人围着锅台、面案，背靠背站着。还是窑洞外的人多，都散开了，他们端着海碗，避开风口，又晒着太阳。每逢开饭的时候，崄畔上烟囱的烟不见了，整个窑洞变成一个大喷气口，往外喷大股大股的蒸汽，每

丁玲

雷加的大儿子刘立伟在延安保育院（二排中为朱德总司令、前排右一为刘立伟）

刘立伟（左一）在延安保育院

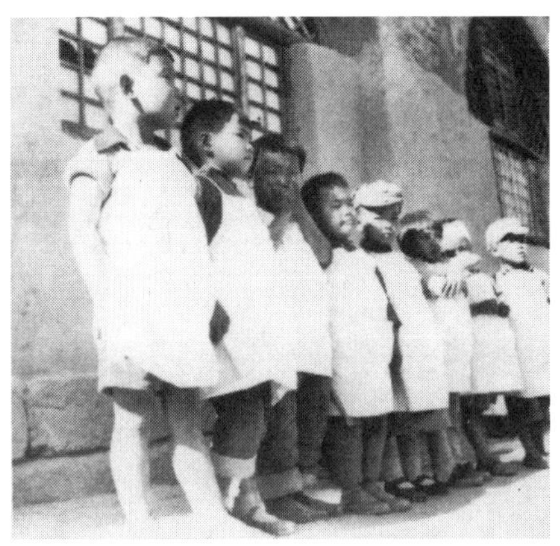

刘立伟（左一）在延安保育院

人的菜碗里也喷着一股股香气。机关每星期都改善一次伙食，少不了肉蒸粉条子、菠菜汤。菠菜又叫“富贵菜”，穷人嫌它，富人爱它。它身份不高，偏偏又鲜又绿。白面馒头和大米饭，当时少见，但40多年来使我至今难忘的还是那一日三餐的小米饭。它的营养成分优等，它的香味也在一切谷类之上。

我们一共两个大窑洞，另一个救亡室。救亡室不但大，地点也适中。它又有两个“跨窑”，像一张面孔上的两个耳朵。一个跨窑由主持会务的主任丁玲同志住着，另一跨窑是图书室。每个机关都有图书室，这个机关的图书自然多些，图书室由一位历史研究者兼管。凡是到图书室和主任住处的，都得经过救亡室。救亡室有一个大木案子，不小于一张乒乓球台，只是台面过分粗糙，即使不粗糙，那时一颗乒乓球也等于今天天空上的一颗卫星。

大案子周围坐过不少人。全机关的人都能坐下。他们或听文件传达，或开生活会。救亡室没有不通过民主生活而达到救亡目的的。各种节日在这里进行集体活动。有人结婚的话，总是把个人的快乐掺和在集体的欢庆之中。救亡室在各个方面都发挥它的最大作用。

4．雷加《首渡黄河》

1938年春，我在延安“抗大”学习期间，在城内城隍庙住过一个时期。两厢住满了人，又因为都在露天上课，正殿也腾出来住人了。似乎院墙早已拆除，由过去多少烧香人磨光了的几个石阶，像镜子一样放光。头三个月照例是“政治队”，也进行过一次军事演习。清晨微明爬上背后凤凰山，像是急行军，也可能是夺取想象中的一座碉堡。山顶上一块平地，没有种过庄稼，免不了又有人常来搂草砍柴。我只记得在匍匐和急进跳跃中，荆条扎伤了我的脚掌，演习还在继续，可我像败兵一样退下来了。不久，我们进入“军事队”，也搬了家，就在后来的飞机场旁边。三个月之后，军事队的学员就有充分资格，分赴各个抗日第一线了。

有些学员也有不到三个月就过黄河的。黄河的波涛整日整夜都在呼唤，黄河对岸就是新开辟的敌后战场。每个人都在等待着和自己有关的变化，这个机会是均等的，它会落在每个人身上。

不到8月中旬，第一次的同我谈话就开始了。这是午休时间在救亡室的条桌上进行的。中队长景瑞云侧着身子，把一只又粗又大的手掌放在桌子上。从他的身上我看见了两万五千里长征的队伍的影子，他的江西腔又是那样亲切。我觉得他在我面前点燃了一盏明灯，又把它轻轻地推进一条宽阔的光明的彼岸。

这时，由延安到晋东南八路军总部，由总部再到晋西北，再到晋察冀的五台山，再到冀中平原，再到……这些抗日根据地互相分隔着，却又血肉相连。这次延安组织了边区参观团，到它们那里去。这是架起的桥梁，也是伸出去的手臂，把它们联结起来，又把它们紧紧地揽在怀中。

边区参观团不日由延安出发。其中有三个人，既是参观团的成员，又是由边区文协派出的抗战文艺工作团。

我们三个人中，一位是韦明，也是刚从“抗大”调出来的，另一位是高敏夫，他居然会比我们大十岁，是个陕北老革命。我们三人将一起日夜行军，几跨封锁线，同群众一起庆战功，又在炮火底下举行各种集会……

5．雷加《首渡黄河》

我和同行的韦明、高敏夫既是参观团成员，又是文协派出的抗战文艺工作团，身负双重任务。我们一直随团活动。一路歌声，一路战斗声……

雷加与伊苇在延安

我们三个人又各有自己的武器。我们已经是轻装上阵，随时都要参加战斗。我们像一个个小雷达，对每个战斗形象，都是那样高度地敏感，把它映射出来，收集起来，或变成信号，或是储备待用。阵地宣传也好，即时

雷加最喜爱的照片之一：延安女大的学生早晨在延河边洗漱（伊苇曾在女大学习）

反映也好，这是两种不同的手段，从效果上说，也都是长短武器的配合，但是，渐渐地我们之间也显出差异来了。

我和韦明可以说是彼此相像，高敏夫和我俩之间，首先有了年龄上的差别。他善于接近上层，这也是工作的需要，相对来说，我俩接近群众就比他多些。这也不尽然，如果他去单独接触一个人，以他的老练和独有的热情，又使我俩望尘莫及。他又兼顾太多，交游广，兴趣也是多方面的，我们稍嫌单打一。我们的经历，也不过尔尔，而他曾经两次被捕，做过地下交通员，又编过刊物，长期从事民歌的搜集和戏改工作，抗战以来他又热心于街头诗的写作和宣传。这一切也都使他在各方面都可以应付自如，对这一切他又都十分热心……

他对部队生活并不适应，至少，他的体重、他的近视眼妨碍了他。他注意行军后用热水洗脚，也比我们多注意一些牲口，因为他比我们更多地需要牲口代步。有一次，由他轮值做早饭，因过分热心，起得过早，又昏昏睡去，结果误了预定时间。第一次过封锁线，他终于掉在滹沱河里，浑身打得精湿，乐观情绪并不因此而稍减。看见一二〇师合作社的招牌了，他第一个欢呼起来。他每天写详细的日记，我又不记得他在什么时候记的。不论如何，他是一个善于利用时间的人。首渡黄河时，他利用等船的时间写了首街头诗，在一二〇师为我们举行的欢迎会上，他就迫不及待地朗诵了它。他一朗诵完，又擦汗又扭手的姿态，比坐在黄河边写时更加动人。

6．雷加《为了回忆》

1938年8月到1939年3月，我从延安出发到前方，又从前方再回到延安。前后大半年的光景，过了黄河，首先经过晋西北游击区，再到晋察冀边区，又到了河北平原冀中军区。一路上前前后后遇到不少战斗，我们都取得了大大小小的胜利。这些胜利得来不易，却又那么重要。

7．雷加《与生活同在》

1938年秋，我得到了去前方的机会，又有幸在晋察冀边区《抗敌报》上发表了就在战地写成的《王冠的宝石》。这是一篇战地特写。我们走过燃烧的大地，某大队刚刚结束了一场胜利的战斗，这是我在火线上采访后马上写成的。我永远忘不了这场激动人心的谈话。直到今天读起这篇文章，还感觉它热得炙手和那股硝烟气味。

后来的经验永远如此：我摆脱不了那些生活中感人的事件，常常是不知不觉地做了它们的光荣的俘虏。如果非要马上写下它们，而最便当的形式便是散文和特写。

我回到延安以后，1939年、1940年这两年当中，我一口气写了26篇有关前线的文章，1941年又补写了4篇。这些素材都是我在前方长途行军中得来的，是从4次封锁线的来往潜行当中得来的，是从晋冀两省交界的五台、耿镇、上社等地两个月的游击生活中得来的，也是从冀中任邱、河间一带的战斗中得来的。

8．康平《迎着时代前进》

雷加的第二个时期的创作是以反映抗日前线战斗生活和陕北农村生活为基本题材，而其突出的特点又是在激烈的斗争、尖锐的考验中，挖掘蕴藏在人们心灵深处的崇高精神和优秀的品德。

1939年春，雷加由前方回到延安，不久任文协秘书长。中华全国文艺界抗敌协会分会成立后，被选为理事，并担任文艺小组工作委员会的工作。一组反映前线生活的作品就是这时写作的，分别发表在延安报刊和大后方的《七月》、《文艺阵地》、《文艺战线》、《反攻》、《时事类编》、《西线文艺》上。

9．艾克恩《延安文艺运动纪盛》

1938年5月中旬，抗战文艺工作团组成，属陕甘宁边区文化界救亡协会和八路军总政治部领导。该团由毛泽东同志命名。该团的任务是：搜集战地材料，反映前线生活，推动文艺运动，建立文艺组织。先后派出六组：第一组刘白羽为组长。第二组分甲乙两部分，有雷加等七人参加。第三组卞之琳为组长。第四组由刚从前方返回的第一组刘白羽为组长。第五组周而复为领导。第六组萧三为领导。

10．艾克恩《延安文艺运动纪盛》

1939年5月14日，由周扬等发起的中华全国文艺界抗敌协会延安分会，在文化协会召开成立大会。艾思奇任文协主任，丁玲、柯仲平任副主任，雷加任秘书长。

11．艾克恩《延安文艺运动纪盛》

1940年4月15日，中华全国文艺界抗敌协会延安分会派出抗战文艺工作团共六组：第一组由刘白羽领导，第二组由雷加领导，第三组由卞之琳领导，第四组仍由刘白羽领导，第五组由周而复领导，均先后前往山西、河北、山东等地工作；近复组成第六组由萧三领导，前往晋西北工作。

12．艾克恩《延安文艺运动纪盛》

1941年1月4日，中华全国文艺界抗敌协会延安分会举行年会。选举理事九人：丁玲、周扬、萧三、周文、雷加、于黑丁、刘雪苇、李伯钊、舒群。

13．雷加笔记：1938—1939年冀中行军

1938年

8月20日由延安到清涧，8月22日绥德，8月25日宋家川，8月27日军渡，8月29日临县，8月31日阳坡，9月2日普明镇，9月3日岚县，9月10日苛岚，9月13日五寨，9月16日神池、宁武，9月19日上阳武。

9月19日夜过同蒲路及滹沱河，9月20日磨头村，9月21日东社，9月23日五台、耿镇，9月29日金刚库，9月29日大甘河，10月2日门限石（前线工作团出发），10月3日下高拱口，10月4日河口，10月7日国都店、陈家庄（九大队在此），10月10日牛道岭、椿树林，10月11日上社，10月16日小觉镇，10月17日柏岭，10月18日李家岸，10月19日拦道石，10月23日上马栓，11月1日由李家岸出发去冀中，11月2日陈庄，11月4日陈南庄，11月5日阜平（劫后的阜平），11月6日土门（两个钟头前有战斗）。

11月7日吴家湾，11月12日北店头，11月16日北罗镇，随115师骑兵营夜行

军至北放水，11月19日计划夜袭唐县，田冲来，退至城关，谈完县妇女工作。

11月19日敌反攻，我退固城，11月20日夜过平汉路，11月21日王盘，11月23日高阳，11月25日王果，11月27日出岸、任邱，11月28日双塔、出岸，12月12日小组会，12月15日灵城，12月16日梁台，12月19日大姜村（26大队在此），12月21日彭耳湾（独立大队在此），12月23日灵城（27大队在此），12月24日回政治部，12月25日河间、黑张马庄，12月28日路过东张岗，12月29日东留吾，12月30日深州。

1939年

1月7日武强，1月8日献县，1月9日河间，1月11日骑自行车到李民居（19大队在此），1月13日河间，1月15日肃宁县，1月16日白塔宋村，1月19日王护家林（一分区指挥部在此），1月20日流昌（23大队在此）。

1月22日子位、深泽（22大队在此），1月23日子文、安平，1月24日肃宁、许家庄，闻炮声，夜间渡水，1月25日王果庄，在此遇120师，1月27日回伯口，联欢会，距敌30里，1月28日宋家庄，边寨，1月30日尹家庄，2月5日流班寨，东惶城，由120师至二分区，由此返程，2月6日子位，2月7日李亲固、西张谦，过平汉路，2月8日车固，过沙河至李家台羊，2月9日陈庄、牛庄（抗大二分校在此），2月10日蛟潭庄，2月15日峪口，2月17日杨兴镇，由马坡头过同蒲路，天明至西恩村，2月18日（除夕）路过唐家会至铺上，2月20日岚县，2月23日寨上，2月24日临县，2月26日克虎寨、葭县、五龙坡，2月27日米脂，2月28日绥德，3月7日回延安。

14．雷加《游击二月》

抗战文艺工作团1938年8月由延安出发到晋西北，快一个月了，我们还要到前方去。

我们在金刚库受到了聂荣臻司令员的欢迎。

还有两次我会见了白求恩大夫。一次像是他刚从手术台上走下来，另一次是他去前方医院的前夜。

至今难忘的是在那次欢迎会上，参观团送给聂司令员一面锦旗，又把延安抗大副校长罗瑞卿同志带来的一双草鞋送给聂司令员。这双草鞋是抗大女生特制的，这份礼物既亲切又实惠，因为聂司令员脚上那双草鞋也该换了……

抗日根据地的抗战标语

晋察冀边区的农民自卫队

小哨兵

冀中妇女查路条

又过了一天，我们去耿镇参观，路上遇敌机飞来，一瞥而过，像是无意中遇到的。直到此时，我们在精神上才承认处于临战状态。我们又是一些未经过战斗的人，表面上也持镇静态度，内心里又十分惊惶。忽然三五九旅开来，人心安定不少。接着，大同附近的七一七团也开来了，于是我们又有了开联欢晚会的理由。

我们经过一段漫长的游击生活，有时长途行军，有时夜行军……敌我的枪声有时响在头前，有时又响在身后。有的村庄刚刚战斗过，我们就从它的身上走过去了，或者我们刚刚经过一个和平村庄，不久它就被敌机轰炸了。

由蛟潭庄往南，过了滹沱河是小觉镇。恒山书店颇为有名，因为在极困难条件下，他们用油印翻印了各种书籍。这是一番壮举，这又是杯水车薪，但自有其伟大的现实意义。这又是后来人不可能再做的事，可是对这件事哪个后来人不表示自己由衷的敬仰和感激。我们也是第一次在这里遇见儿童团查路条。这也是一件开天辟地的事，这样一个历史镜头在河北平原上出现，它与山西蛤蟆石村的李红红有同样重要意义。一个是十几岁的少年儿童，一个是62岁的老太太，他们共同代表了一个时代的变化。

我们似乎甩掉了什么，又可以自由自在地来往了。我们在滹沱河北岸柏岭开过军民祝捷大会，又一次见到白求恩大夫，他在祝捷大会上讲了话。

15．张小茜《雷加：第一个报道白求恩的作家》

白求恩作为伟大的国际主义战士，为千千万万中国人所铭记。而第一个报道白求恩事迹的人就是年仅23岁的雷加。1938年，雷加深入战地，走向火线，多次采访白求恩。他与白求恩同吃同住，写出长篇报道，首先发表在1938年出版的延安《军政》杂志第二期上，成为第一个报道白求恩的作者。当时毛泽东主席读后给予很高评价，并在其阅读的杂志上题写了“学习白求恩”的眉批，并专门致电晋察冀边区司令员聂荣臻，要求每月发给白求恩100元的生活津贴，后被白求恩婉言谢绝。雷加在《国际友人白求恩》一文中这样写道：“在我们身边的那个加拿大人，就是著名的胸外科医师白求恩同志，他是刚从西班牙前线来到

正在为战士做手术的白求恩

中国前线的。……他跟我们说的第一句话是：我是以晋察冀边区卫生顾问的资格来到这里的。”“我们到达正在激战的柏蓝镇一带，在村庄中心大路一旁，便是白求恩博士一手创立起来的国际和平医院。国际和平医院早已处在敌人的炮火圈里了。在它的门口，沿着那条大路排满了担架的队伍。”“靠近门口，摆着一个手术台。手术台虽然是用木板拼成的，上面蒙着的布罩白极了。在里面有一个药柜，上面放满了医药用品。一条小小的阴沟，早为渗着血迹的药棉、药布塞满了，可是砖地上却像刚刚用酒精洗过一样，具备了手术的卫生条件。医生护士不停地忙碌着。可以看出，很久以前手术就在不断地进行着。白求恩大夫轻轻地捶着自己的腰部。他显得十分疲劳，才刚刚直起身子站起来。他的头发是灰白色的，他的眼睛迎着太阳，闪闪放光。这一天，他穿着一双草鞋。在他的脚边，躺着一个刚施过手术以后处于安适状态的年轻伤员。”

16．雷加《谈〈南来雁〉》

我写过一篇《南来雁》，这是一篇报告文学。它写一个人，这个人叫张露萍，她是一位烈士。她在延安抗大学习过，也工作过，时间很短，大概是在1938年到1940年之间。因为她在延安各种集会中大出风头，所以不少人知道她，也记得她。她在延安的名字叫黎琳，当年不过17岁。

我先是在集会上看见她。那时各种各样的集会，又是露天的，满山满坡都是人头，一人一张小板凳，坐得整整齐齐。开会之前必然是一片歌声，此起彼伏，各个机关轮流唱，甚至没有间隙，因为有人在不断地“拉歌”，就是由某人站起来，领着喊口号，指定某某机关唱歌。拉歌是一种艺术，不但使歌声不断，也可形成高潮。不，有时，拉歌本身就是一阵阵高潮。你拉我，我拉你，或是唱了最好的歌，或是唱得最不整齐、最不成腔，惹起一阵哄笑，也算是一种胜利。

当时是，没有歌唱不成为集会，没有拉歌又形不成高潮。当时拉歌集中的目标，常常是“抗大”的女生队。女生队会唱歌的多，又因为女声和音像延河水那样悦耳；但是我要说的是这不是一般的拉歌，而是指定女生队某人指挥，又指定唱某首歌。指定指挥的人，就是黎琳（不要忘了她就是后来的张露萍烈

黎琳（张露萍）

周思聪为《南来雁》所作的插图，后来又用在《生活与美——雷加研究》的封面上

士），指定的歌子是《干一场》。黎琳年轻漂亮，一身洗白了的列宁装，挥舞两臂，风姿洒脱，来回摆动的短发，似乎又有一种流线美的风韵。至于《干一场》那首歌，又像是在无数抗战歌曲中独具魔力。拉歌的喊声先是："要那个？要黎琳。唱什么？《干一场》！"后来简化为："黎琳——《干一场》！"这种喊声，一浪高过一浪，又会引起大家一起在喊，变成全场在喊："黎琳——《干一场》！"它就形成了集会中的高潮。

17．谷溪《我见到的老作家——雷加》

1939年3月，雷加同志从前线回到延安，并担任了延安文化协会秘书长工作。抗战前线的炮火，东北父老的呼喊……迫使他废寝忘食、奋笔疾书，有许多个星期六，他竟忘记去看望在《新中华报》搞编辑工作的妻子。在文协的土窑洞里，他连续撰写了小说《一支三八式》、《五大洲的帽子》，报告文学《妇女抗战进行曲》，散文、特写《鸭绿江》和《敌后行》等数十篇文学作品。

1942年3月，雷加从延安到绥德。图为在绥德与王震司令员合影（前排左一为董速，左六为魏伯；后排左起：王震、师田手、庄启东、伊苇、雷加、柳青）

1942年春，雷加同志积极响应党中央关于知识分子要到人民大众中去的伟大召唤，和参加过“一二·九”学生运动的魏伯，30年代的“左联”作家庄启东同志，带着中央书记处书记任弼时给王震同志的介绍信，背着行李卷，从延安到绥德。当时，王震驻军绥德，习仲勋是这里的地委书记。他们对雷加同志的到来，自然十分欢迎和支持。为了让他熟悉陕北农村生活，地委先让他到米脂县杨家沟等农村搞社会调查；以后还让他到绥德县党家沟、延家岔去做乡文书和乡指导员等工作。那时候，他经常穿着布条编织的草鞋走村串户。至今一些上了年纪的人还记得绥德有个“布鲁、雷加”。也许正是有这一段陕北农村的生活，以后他才创作了《揽羊人》、《“女儿坟”最后一代》、《纺车又响了》、《路》和《平常的故事》等具有强烈陕北农村气息和乡土风情的文学作品。

18．雷加《〈讲话〉教我用脚写作》

1942年以前，我主要是写前方，写军队，写战士，写到后来也不行了，没材料了。写旧的生活，我又不想走那条路。然后就下乡，那时也号召下乡，所以我们就下去了。庄启东30年代是左联的，艾青的长诗就发表在他创办的刊物上。魏伯是“一二·九”运动的干将，北大的，他家里很有钱，他拿出很多钱来买枪，但也喜欢文艺。我们都在“文抗”，我们三个一起下去，到了绥德，一直待到1945年抗战胜利。

19．雷加《文学谈话》

新的时代来了，新的时代、新的社会，你怎么认识？怎么反映？这对作家来说是一个很大的问题。你无从反映起，你根本不认识。《延安文艺座谈会上的讲话》为什么提出这些问题，就是这样的。有过去积累的一些问题，也有当时在延安表现出来的问题，也就是新旧社会的关系。你不能写旧的；写新的，你

雷加、伊苇夫妇与魏伯

又没有。你不下去，就没有。所以当时我和魏伯、庄启东三个人一说就下去了，全家搬。魏伯那时有两个小孩子，庄启东也有一个小孩，老太太也下去了。我们带着刘立宾，当时他好像才几个月吧。我们是1942年3月下去的。那时下去，也不觉得下边怎么苦。但毕竟是搬了一次家，到了一个新的地方。而且那个地方警备区并不完全是我们的，不属于边区范畴，紧靠着榆林，是斗争的前线。一面是黄河，过了黄河往北就是榆林，国民党的部队就在那里。

20．庄启东《习仲勋在“抢救运动”中》

我们几个都对这次到“三边”走马观花式的访问不满足，希望“下马种花”，长期深入生活。我们的想法很快得到中央一些领导同志的赞赏和支持。任弼时同志亲笔写信给王震同志，把我和魏伯、雷加、师田手、董速、柳青介绍到绥德地区去长期下乡深入生活。

在绥德，我们受到王震同志的热烈欢迎。他请我们吃了一顿丰盛的饭，和我们一起照了相。在当时困难的条件下，对文艺工作者是够优待和重视的了。不久，我们都顺利地分配了工作。魏伯分到米脂县当副县长，我则分到米脂县杨家沟区当副区长，负责统战工作。我感到为难，我希望能写一些反映农民生活的作品。我向县委领导提出辞去副区长职务，到最基层的乡里去当文书。县委领导不同意，矛盾发生了，官司打到了习仲勋那里。仲勋同志听了我的请求，握着我的手说："我们陕北的工农干部多，对文艺工作不大了解，但生活是很丰富的，你要好好学习呀！"寥寥数语，说得我心头很热。不久，我被分配到绥德县义合区七乡当乡文书。雷加也在一个乡当了文书。柳青是吴堡县人，就回吴堡当了乡文书。我们终于"下了马"。这是1942年10月间的事。

21. 雷加《泥土的气息》

不久我又到了邻县吴堡。米脂和吴堡的差异，一个靠近无定河，另一个则高踞在黄河边上。吴堡比葭县富有，又比米脂更多田园风味。吴堡县委和各群众团体当时都散居在乡村的窑洞里。开会时都背靠窑洞墙壁蹲着，或是坐在自己的鞋窝上，安静地抽着羊腿巴烟锅。在这里我听到了那么多土地革命故事。各种风起云涌的闹革命的人都有各自的代号，诸如"老撞"、"老笨"、"贴金革命"、"黑老婆"、"老鹰"……他们和刘志丹、谢子长的各种传说交织在一起，今天又变成抗日战线上的各路英雄了。

当时党团活动都在秘密中。我们每天夜里为了开会要走很长的路。一个羊肚子毛巾的包头，在前面影影绰绰地带路，走过一个崄畔又一个崄畔，然后走进窗户上蒙着被盖的窑洞。一盏麻油灯在墙壁上映出七八个人头……这多像是又回到了开辟村子的年代。这种生活我怎么会忘？这是那么清新、传奇，每根神经都在颤抖。

22．雷加《生活如此多彩》

我也有过遗憾，延安文艺座谈会1942年5月召开，可是当年3月我们就离开延安了。我和魏伯、庄启东早几个月就离开延安下去深入生活了。后来又有柳青、师田手还有“鲁艺”同学也都纷纷下乡。当时我们下去好像已不属于一般活动之列，因为那是由任弼时亲自写介绍信到绥德专区王震将军那里下乡的。未能参加座谈会固然是遗憾，我们无意中做了深入生活的先行者，也得到了一份荣耀。

毛主席在延安文艺座谈会时与文艺工作者的合影 1942.5

1942年5月，毛主席在延安文艺座谈会时与文艺工作者的合影

画家周思聪一生鲜作插图，她在1990年初为雷加的陕北短篇系列所作的插图（“粗犷的风格”、“略带幽默感”——画家自述）弥足珍贵。雷加写道：“一幅插图，一个故事，女画家周思聪为我作插图，我再为她的插图配文。”

《炮位周围》　冀中游击小组，向鬼子开炮。乡亲们赶到炮位周围，送茶送水送鸡蛋，连一个刚结婚的新郎也来了。有一颗炮弹未炸，乡亲们偷偷用粪筐捡回来，央求再放一回。

《揽羊人》　三个揽羊娃为地主揽羊。各地都红了，唯有他们这个村，还是白地。他们每个人掏出自己的心窝子，说出自己回去准备斗倒地主的话。

《纺车又响了》　新开辟的红区，掀起了大生产运动，过去的纺车又响了。

《沉默的黑怀德》　陕北闹红，遍地开花，不分什么先后，但是也出现了这里红一片，那里又白一片的场面。红地斗地主分浮财，白地却死水一潭。红地白地两地之差，就产生了失望和委屈的情绪，沉默的黑怀德便是一个典型例子。

23．雷加《文学谈话》

1981年，雷加站在1939年曾经住过的延安杨家岭窑洞前

到了绥德以后，先在面上跑，葭县、吴堡、米脂、绥德，靠近黄河边上的几个县都跑到了。那时，我们的部队到了米脂就是最前沿了。绥德算边区范围，米脂就不算了。当时，在面上跑一阵，参加活动。当时在搞乡选举，搞“三三制”的抗日统一战线的政权建设和减租减息。

第六章

经历抢救运动 迎接抗战胜利

1. 张凤珠《追忆雷加》

运动在雷加的心上有过很深的烙印。那还是抗日战争年代，1942年他响应作家到生活中去的号召，到绥德的最基层去工作，在那里他经历了那场整风抢救运动。绥德一个不过万余人的县，却开了一个七千人的大会。在这个会上雷加忽然听到他的名字被提出来，而且是作为汉奸、特务提出来的，接着就是"枪毙雷加"一片惊天动地的吼声。这突如其来的狂风巨浪把他淹没了，他本能地要往上挣扎，想要申辩，但头脑发木，不知应该说什么，最后却喊出两句像口号的话："我是东北人"、"打回老家去"。

1945年4月，雷加（左二）在绥德

1945年4月，雷加在绥德

2．雷加《文学谈话》

魏伯到了延安没有回来。他是进了公安部的，是问题比较严重的。什么罪名？不知道。不会有什么事，进公安部的人很多。我要在延安，可能也进公安部。后来开大会了，我以为就是参加大会，没我什么事，就是学习吧。想不到会上点到我的名字，我精神上没有准备。七千人大会当然还揪了一些人，在揪我前面还有别人。当时我一懵，也都记不清楚了。当时我的反应是，我说我不是汉奸，大会上也不好讲，但是我也不能承认我是。所以，我就喊了那句话："我是东北人。"这句话的意思是，我是"九一八"流亡出来的，我要打回老家去。

3．雷加《文学谈话》

手铐是后来戴的。审讯过程是这样：最初要审讯你，要你承认这个事情。头一天就像个犯人一样，把我关押在窑洞里。伊苇带着刘立宾也被安排住在隔壁的窑洞里。她不知道，我也不知道。结果一锁门，应该锁我，可是却把她锁上了。第二天早上她开不开门，人们才发现锁错人了。后来，她再没有下去了，留在城里的小学当教员。我作为政治犯人很快把我送到白家沟，还剃了头。最初是地委直接掌握，后来又送到县里保安科，最后我正式归地委下面的保安处。地委审讯时，因为我当时小有名气，是宣传部长李华生审讯我，这个人资格也很老，大概是华北一带共青团的书记。审讯一般都是晚上。一叫我名字，就知道要提审了。赶快把行李卷一捆，行李就是一个褥子一个被子，很快就跟着走。谁知道审讯完到哪里去呀！夜里黑漆漆的，从城外白家沟进城，前后有人押着。当时地委有电灯。到地委，然后到宣传部，一进门，一看是宣传部长。他还比较温和，比较客气。一般的应酬，反正他怎么问我就怎么答。提审完了，叫我回哪就回哪。一个窑洞的炕很小，一般住两个人，最多住三个人。我那天讲在监狱里抽烟，烟末从哪来？实际上都是捡的烟头。抽烟的办法是在炕沿上下各钻一个洞，两个窟窿中间还得有个管吧，找个苇子什么的，这种抽烟的办法，也不是我发明的。原来就有这个东西，是前面的犯人留下的。又一次，后来才知道那天是八月十五，那天，提审的人很客气，一般地问一问，例行公事一样的。临走，他把写字台的抽屉拉开，拿出几个月饼。我猛地意识到，今天是八月十五。他说，你带回去。后来他一看，月饼不好带，怎么拿呀？他又拉开抽屉，拿出一张很白的纸，比报纸还好的纸。当时延安的纸很金贵，根本就没有什么纸。我用的都是从武汉带去的航空纸，我寄稿子都是用那个，抄的字很小向外寄，本子基本没有。那么白的纸他就要包月饼，我心里想，这纸给我多好，也不好说，但是我无论如何也不愿意他用这么好的纸包月饼，能够写字的纸，哪能包月饼？心里想，我用手绢包，不就可以省一张纸吗？用什么手绢呢？当时延安那么穷，但是有绸子手绢。我和伊苇结婚，别的没有，办了几桌酒席，大家一块儿吃饭，另外就是有一块很大的红绸子，所有人员在上面签名，第一个是吴伯箫，丁玲、艾青、萧军、欧阳山、艾思奇等都签了名。这块绸子文化大革命被你妈妈烧掉了，没有了。我喜欢用这类绸子手绢，比较大，很薄，

距离绥德20里的延家岔（1945年，经历过“抢救运动”之后的雷加在这里当过乡支部书记）

叠起来很小，放在口袋里不鼓囊囊。我掏出手绢，往桌上一放，忽然间意识到：完了！那时被审查，终归要坦白，要交代。已经写了一些材料，怕忘记前后顺序，说什么，不说什么，我怕忘，就打了个小抄，用很小的纸，写的字很小。但是实在没地方放，放在口袋里怕人翻。我把小抄团成一个小团，放在手绢里，如果别人查，一看，这是个手绢，万无一失。下次你再叫我交代，我可以就照着写，出不了错。可这一抖手绢，小抄就跑出来了。他当然看见了，他拿走了。我又不好说什么，也不能抢回来。你妈妈那时调到保安科帮助工作，她看见登金肇野消息的报纸了，心想，大概问题就出在这里。她托乡长往里面给我送东西，用这张报纸包了烟和一双袜子。我收到东西，当然要看报纸，一看，我明白了，噢，原来是这么一回事！以后，我就照着报纸的信息来交代。但是地委审讯认为进展不大，要县保安科搞。这就给我来厉害的了。在保安科提审完以后，不让我回白家沟监狱，加重铐，加压。至少搞一个晚上，一晚上翻不了身，很难受。后来一看，也搞不出什么，也就算了。

后来到了一定阶段后，我就自由了，留在保安处工作。保安处部长叫布鲁。进城以后，“五一”节观礼，我还碰到他。他是广东人，很开朗。

当时没办法做结论，基本上肯定我的材料，也就是我的交代，但不能说你就没有问题，还不能定这个性，因为无法调查，没有旁证。当时在保安处时，开始不便于追究工作的安排。等到后来，我就想，是不是这个圈子太小了？我就和地委提出来，要求还是到乡里工作，地委同意了。那时我就选定离绥德20里路，在绥德和米脂之间的延家岔。我在那里做支部书记。既然是支部书记，我就还是共产党员吧？就等于把我的问题吊在那里了。

4．雷加《文学谈话》

“八一五”来了，我是在地委大院看见朱总司令向东北进军的命令的。我和地委说：“我要回东北。”地委说：“不行。人家已经组织了，已经出发了，你还得回延安去办手续。”第二天，我走的那天，东北干部队已经从延安出发。他

1981年，雷加重返既经历过丰富生活又充满惊心动魄考验的陕北绥德，一往情深地注视着这片土地

们一个单程，我用这一个单程的时间跑了一个来回。9月1日从绥德赶到延安，在延安文协住了一晚，又到组织部去办了手续，9月9日赶回到绥德。同一天，东北干部队也到了绥德。我要求说我要走了，他们说你的结论还没有做呢。所以这个问题一直带着，等到解放以后才做了结论。1950年以后才正式通知我，做了没有问题的结论。

5．雷加《一次突击》

一次突击，一个转折，一次生命的飞跃……

一个人一生中称得上突击的行动，不会太多，1945年9月我在绥德和延安之间的那次“急行军”，算得上一回了。

9月××日我在绥德地委院里，看见朱总司令发布的向全国进军的命令。我肯定这个命令里包含着我。

于是我到地委组织部提出申请。他们说："这得回延安办理组织手续。"我说"我去"。他们又说："东北干部队已经由延安出发，你来不及了。"我说"我赶得上"。

当时年轻，我又轻信一切，甚至也轻信自己的力量。

我由绥德动身回延安，一天赶一百多里路，走的是小路。天不亮起身，天黑才歇，连中午打尖也是走着吃的。小路抄近，省下的时间都是我的。我和自己赛跑，实际上是和时间赛跑。最后一天，我在路上遇见了东北干部队。这是他们第一天从延安出发。我心里的火苗蹿得更高了。这时，我坚定地相信一定要回绥德，和他们一起从绥德向东北出发。

我在中央组织部办了手续，又在文化协会住了一晚。休息体力是必要的。杨朔不住地和我讲"八一五"那天晚上难忘的延安的庆祝活动。他年龄比我大一些，我忘了他为什么没有走，像是他喜欢狂欢的庆祝胜于一切，这使我更加心急如焚。

在我回程的最后一天，我终于赶上了东北干部队。对我来说，这也许真是我一生中一个关键时刻：要么赶上这个时代，要么就干脆落后一个世纪。我可以和东北干部队由绥德一起出发了，要不，我会悔恨一辈子的。东北干部队中有我不少年轻的朋友，去时在延安附近会面是一喜，这次又在绥德附近会面，更是一喜。他们为我这样快赶回来，欢呼；又为我能同他们一起出发，欢呼。可是，我刚一坐下，就站不起来了。像是发疹又不是发疹，我又呕又吐，身不由己……我没有走完最后二十里路。我是用驴子驮回绥德的。竟拖上了一条不光明的尾巴，这是这次突击美中不足的地方。但是，这毕竟是我一生中不寻常的行动，从得失上看，它还是成功的。我仍然坚信我的体力，我相信我能够很好地完成这次进军的任务。这也因为我从前有过一次锻炼：1938年我曾经到过前方，那次也是徒步行军。从山西到河北，从晋察冀边区到冀中军区，历时半年。这一次向东北进军，将比上一次路线更长，要几次穿越长城，又要跨过热河无人地带，再经锦州到沈阳。这一路我一次没有病过，甚至可以说两条腿健步如飞，在和国民党用汽车飞机运送接收大员的这场竞赛中，我们这个革命队伍绝对没有落后。看来，我这次由绥德回延安的“突击”，直接变成这次大行军的前奏。

6．雷加笔记《1945年东北干部团行程》

1945年9月1日—10月25日

9月1日赴延安住文安驮，9月2日与东干团遇于李家渠，9月3日至延安，9月5日由延安回，住唐家湾（95公里），9月6日百里住蔡家沟，9月7日百里住石咀驮（又遇东干团），9月8日80里，至绥德（单程375里。去三日，日行125里，回四日，日行94里。），9月10日经贺家川至义合，9月11日经慕家源（刘志丹之役在此），9月12日碛口，9月3日三交，9月14日过临县，9月15日康宁，9月16日兴县，9月22日卧虎湾，9月23日小洞村，9月24日经岢岚至五寨，9月26日南兴庄，9月27日过同蒲，经神池、沙河至大涂幕，共120里，9月29日张庄（距广武20，距朔县70），9月30日经山阴县之林桥，10月1日马栏庄，10月2日应县之南沙河，10月4日洪山涧（“天下十三省，就怕灵邱过大营”，此乃滹沱河发源地），10月5日灵邱（平型关旧地），10月7日广灵，10月8日蔚县，10月9日钱家河么子头休息，10月10日卅金店，10月11日张公店（距张家口25里），10月14日过怀来，住花园，10月17日北老君殿，10月18日延庆属永宁，由密云南山走，10月19日40里至四海沿，20里到滦平县境，10月20日琉璃庙，10月21日庄户（密云之东）经合房口出长城，大山峪，10月22日古北口，10月23日长山峪，10月24日肖家店，距老滦平20里，10月25日热河从此上火车，10月26日平泉，10月27日凌沅，10月29日叶柏寿，10月30日经朝阳抵锦州。由9月10日从绥德起身，至10月25日到热河，计45日，共走24020里。每日走60—120里。

7. 李青《性情雷加》

雷加老人80岁寿辰将近的时候，说想去京西门头沟的龙门涧。说不要北京作协给做寿，不宴请，不要生日蛋糕也不要鲜花花篮，就去龙门涧。我说，好。记得是在1995年6月，一个阳光丰沛的日子，我和宋汎、王升山等4个人陪着他去了龙门涧。

想不到那天龙门涧极其冷清，一上午就只有我们5个访客。空山无人，水流花落。一条土路沿着涧水蜿蜒，有的地方，路会被突然宽涨起来急迫起来的水波挤住，咬出一角缺口，有时又有巨大的岩石斜矗在路边，逼迫人弓腰而行。雷加走得非常缓慢，但是坚决不要我们搀扶，几次劝他路不好走就返回头，也是坚决不听，虽然已经80岁了，他却不服老。他一路细细看，山的形状、水道、岩石的位置，一边不停地点头摇头：是这里？像？不像？声音很大。他已有老年性耳聋，需要依仗助听器了。

宋汎（右二）、李青（左二）陪同雷加（右一）在京郊龙门涧寻旧

雷加与于蓝

坐下来休息时，他终于告诉我们：1945年抗日战争胜利后他参加了一支从延安出发的东北干部队，一路长途跋涉赶往东北，去开辟新的工作。走到河北，在京城之西，曾穿过一条有水的山沟，好像就是这个龙门涧。怎么水少了呢？他说，记忆里当时的水很大、很深，队伍中的女干部都是男干部帮着，背着挟着渡水的，他帮的女干部就有后来的电影明星于蓝。哈！大家大笑起来，原来雷老是来寻觅旧踪啊。升山问，背完人家，人家给你什么信物没？雷老笑说，给我扔过来一个馒头。又说，那时于蓝已经和田方定情，有主啦。又说我们是革命同志情谊，再说一路上背过挟过的女同志也不止她一个呀！不信不信，大家说。几个人继续和他一起调侃，嘻嘻哈哈地快乐了一天。

实际上他们当年那一次行军极为艰苦，在交通不发达的40年代中期，在饱受战争荼毒的北方大地上，东北干部队（也叫东北文艺工作团）40多人（内有舒群、田方、华君武、刘炽、公木、雷加、严文井、刘迅、朱琳、于蓝、颜一烟、骆文、王大化等）

1995年，雷加在中国作家协会向参加抗日战争的老作家颁发纪念牌仪式上

中国作家协会颁发给参加抗战老作家的纪念牌

是怎样地风餐露宿、日夜兼程，被坏脾气的黄河刁难，翻山越岭时手脚并用磨得冒血，常常要穿越敌人的封锁线，到了“口外”还要走过荒凉死寂的无人地带，火烤前胸暖，风吹背后寒。可以想见他们这些延安文艺工作者青年知识分子吃了多少苦付出了什么样的代价。

而半个世纪50年过去，面对往事，雷加却以笑谈轻松置之，没有滔滔喋喋沉重的诉苦，寻踪觅迹也不为向我们显示夸耀，而且，也从不写，常常只是在文章里一笔两笔带过，不当个事儿。也许，在他几十年丰富经历中，这一次行军算不上啥，在我们看来是千难万难的路途，在他看来不过小菜一碟儿，况且他们是风华正茂充满理想、充满着对未来憧憬的一群，理想在前面带路，苦，也是乐。

第七章

奋战在工业战线上

1. 李纳《怀念雷加》

想起雷加，眼前立刻出现一个身材伟岸的男子，穿一身蓝布的衣服，疾走在黄土高原上，他那身衣服衬托着黄土高原特别惹眼。事隔60多年，一直留在我的记忆之中。1945年8月20日左右，抗战胜利没几天，我和我的丈夫朱丹随首批干部大队从延安出发，奔赴东北开辟工作。走在绥德的路上，突然看见对

1945年的鸭绿江造纸厂

1945年的安东造纸厂

面有一个人大步走来，朱丹对我说："雷加，雷加来了！"雷加走到我们面前，精神亢奋，笑着告诉我们："我正赶回延安，参加文艺界到东北的队伍进军沈阳。"说完我们相互紧握双手，相互鼓励，便匆匆地分手。

我们到了沈阳，雷加的队伍已经先到了。他们这支队伍由舒群带领，大部分都是鲁艺的教师和学生。后来听说雷加分配到安东恢复一个大造纸厂，担任厂长。听说他的工作很出色，做出了很大的成绩。我们都为他欣慰。

2．雷加《文学谈话》

我一回东北，他们知道我回去，那时候广播电台需要人，江华、刘澜波准备让我过去。那当然是很重要的工作。白刃是后来去的。我知道这个消息，坚决要求到工厂去，或者去农村。我去得虽然比较早，但也不算太早，那一片占了这一片占了，就剩造纸厂这一片还没有人去。我不了解情况，翻了翻电话号码本查了查，就向实业厅提出来去造纸厂。实业厅也需要人，他们向省委打了招呼。我先去了，最初是我一个人进去的，过了一两个月，伊苇也去了，就我们两个人。在丹东，这个厂子规模是挺大，但人并不多。有两台机器，原料进口。技术上也不懂，人也不认识，只能慢慢弄。从认识人，抓住骨干，由他们再逐步扩大，从技术上入手，做思想工作。

安东造纸厂一角

3．雷加《生活的札记》

1945年，党叫我去接收一个工厂。当时是战争环境，我们的政权还刚刚建立，工厂遭到日本人的破坏，工人群众在“保安委员会”（其中有工头、有翻译，成分非常复杂）把持之下。至于我，一不懂技术，二不懂工厂管理；但命令我尽速开工，因为这个工厂必须负担在战争中的极大的财政任务。我一个人到那个工厂去了。基本群众是谁呢？干部从哪里来呢？技术问题又怎么解决呢？我知道必须依靠军队，依靠政府，尤其要依靠党教给我的政策和原则。但是，我在机器面前，显得极其渺小，我对这个艰巨的任务没有充分的信心，同样，我站在工人面前时，也是微不足道的。不过，同时它又给了我一个多么重要的启示，工人阶级的伟大的力量这样对我说：“依靠我，紧紧地依靠着我！”而这也

1946年，雷加与伊苇及孩子在安东合影

雷加、伊苇夫妇在安东造纸厂时留影

就是党教育我的群众路线的方针。我懂得了复工与群众运动必须同时进行，我懂得了只有通过群众路线，才能解决我认为不易解决的一切问题。

4. 雷加《特写及其他》

“八一五”后我回到东北，做了五年厂长。这五年厂长工作对我锻炼很大，对进一步走群众路线学了很多东西。一个人到工厂去，机器在那里摆着，怎么开工？还得依靠老工人，否则开不了工。后来又撤退，从安东撤退到长白山。整个机器要搬走，谁来搬呢？工人愿意搬吗？而且不但要撤退机器，还要撤退工人、干部。当时对东北的工人们来说，看见共产党还是第一回，这里还有个启蒙工作。首先要他们认识共产党，然后再依靠他们。这些工作要是离开群众路线就一筹莫展。要是官僚主义，机器搬不走，最后连你自己也走不了。这是考验。当然，一个共产党员到新的地方开展工作，都得有这套本事。

1946年，工厂撤退途中留影

5. 赵郁秀《最美鸭绿江》

东北全部解放，我于"白山"毕业，在辽东省文联任一小编辑，这时雷加出席东北地区文代会回来到省文联参加省文代会，我第一次看到这位我崇拜的大作家。他高高大大，头戴一顶哥萨克式羊皮帽，浓密的黑发有弯曲波浪，两眼黑亮炯炯有神，像我在大连看到的小亚细亚裔苏联专家，我不敢仰脸直视，有些惧怕。当我向他送会议材料时，他张开大嘴问我叫什么名字，得知此名刚在《东北文艺》上发表了作品，他便哈哈大笑说："啊，小老乡（半个多世纪来他一直这样称呼我）。"随后他将在东北文代会上得到的礼品——花格子围巾送给了我，我的惧怕一下子烟消云散了。转年我便系着这花格子围巾去他的造纸厂，协助办工人文化夜校，吃住在厂里。常常看到作家厂长那高大的身影在七八层高的叫"木釜"的车间爬上爬下，也常看到他告诫工人要戴口罩，女工的长发要绾在帽子里，还常看到他和工人一起端着大碗吃安东的特产土饭"炒碴子"，边吃边唠如一家人。我知道了他在国民党袭击丹东时怎样地奋不顾身带领着工友们携带机器撤退至长白山；反攻归来，他任三厂合并的总厂厂长，又南北奔波，指挥千军万马，很快恢复生产。建国前夕，文化名人胡风曾来东北参观，到过造纸厂。胡风在《在工业战线上》一文中曾有这样的记述："这个厂被破坏得很厉害，据留用的日本工程师的估计，就现有的条件，要修复好安置3个大蒸罐的7层高楼，非得6个月不能完成……他们，不顾一切困难，动员起工人来自己动手，连工人们的家属，妇女小孩子们也来帮忙和泥搬砖，高度的工作热情克服了一切困难，终于仅仅用了二十四天的时间把那个大高楼修好了。”修复这个“木釜”高楼，用去了1800袋水泥，55万块砖。当时烧砖厂还没复工，全靠那些一心跟着厂长在长白山上打过游击的老工人，带领群众到各废品堆里拾砖捡瓦。雷加曾说这55万块砖“是我心中念念不忘的数字，震动心弦”。雷加亲自设计指挥在七层高楼上塑了一尊工人推着齿轮的高大塑像。全安东市以及对岸朝鲜人民仰首都能看到那座全市最高的巨大的工人英雄形象。当年东北电影制片厂著名摄影师吴立本曾到此拍摄了《民主东北》之一部，为建国前最早的优秀新闻纪录片，永存史册。造纸厂当年的产值为辽东省财政收入的三分之一，荣获安东市一等生产光荣红旗，刘天达（雷加）被东北民主政府授予模范厂长称号，随之荣任了东北造纸总公司经理。1950年底，他被黄炎培选中，调入北京暂任轻工部造纸处处长（据说后来拟任副部长）。但是他在造纸战线的五年激荡岁月，已在心中绘成长长的画卷。他拜见了老上级丁玲，丁玲很了解这位颇具山东和东北人特征的豪爽、憨厚又勤奋的“彪形大汉”，在延安文艺座谈会召开之前，他便手持任弼时同志为他亲笔写的介绍信前往习仲勋和王震所领导的绥德专区参加实际工作，早已体现了长期无条件地到群众中去的精神。丁玲支持他归队。

1946年夏天，雷加在安东造纸厂时留影

6. 胡风《在工业战线上》

1946年12月，胡风（左）访问安东造纸厂时与雷加合影

曾经听到用亲切的口吻谈起他：——当了那样大工厂的厂长，现在还要叫他当全东北造纸公司的经理，但还是小鬼头的样子，畏畏缩缩的，一点也不神气！

马上，仿佛眼前出现了这样一个人：小个子，穿着不称身的旧制服，笼着手，不安分地动着身子，有些扭捏地望着人笑。同时也记起了曾经读过的他的小说里的那一种青春气。

但推开门冲进来而不是走了进来的，却是一个魁梧的人。皮帽子、马裤。问明了我是谁，就单刀直入地说是早上才接到电话，今天预备怎样？那么，我们走吧……好像我们原是在一道工作，现在照昨天商量好了的步骤做事似的。后来发现了：不错，他笑起来是很天真的，然而，除了两个酒窝以外看不出笑容，也没有声音，只两个眼睛不动地望着你，但你马上感觉到那是一对笑得出神了的眼睛。

引着我去看工厂。按着生产过程，先是处理原料的部分。

满屋子是破旧的棉絮。棉絮上，地板上，任何东西上，厚厚的一层灰黄的尘埃。在机器前面，几个女工坐着，撕开棉絮摘出树梗之类以后，就抛到机器里去。都用大的口罩蒙住了下半截脸，头上包着毛巾。我们走进去的时候，都抬起头向着了我们。不，向着他。只见几对眼睛，在一片灰黄的尘埃里面特别显得明亮的眼睛。就在这一瞬间，他扬一扬手，听得出那里面是含着笑意的声调说：

——拜个年儿！

在胡风创作与生平展览会上胡风与雷加合影照片

女工们依然敏捷地动着手，但清脆地笑了，说：

——都十五了，才来拜年儿？

他迅速地扫视着机器之类，依然用听得出那里面是含着笑意的声调说：

——十五了，过节，不正好拜年儿？你们也不去向我拜个年儿啊！

女工们又清脆地笑了，说：

——向你拜年儿？你厂长舍得请我们吃啥呀？

他抬起头向着她们，笑着，很快地说：

——吃啥有啥，明天就去吧，不会饥着你们的！

机器旁边站着一个年纪较大的男工，大概是专管机器的，却没有戴上口罩。他注意到故意惊讶地问：

——咦，你怎么口罩都不晓得戴？

那男工脸上的笑容显得更明显了：

——这几天咳嗽，戴不住。

雷加在安东造纸厂（之一）

雷加在安东造纸厂（之二）

1946年4月在安东造纸厂的雷加

雷加、伊苇夫妇初到安东造纸厂

他一面车转身和我走向过道门，扬一扬手：

——不戴上口罩就更要咳嗽，你不要倚老卖老呀！

我们后面又响起了清脆的笑声。

看另一家丝织厂的时候，我们走进一个车间，就有一个戴着口罩的女工跑过来招呼他，高兴地指着一排纺车向他说了什么，又迅速地引着他看了另一排

安东造纸总厂大门

纺车，说了几句什么。

我想，大概是打游击的时期他们熟识了的。当国民党进攻这里的时候，疏散了一些机器，尽力动员了许多工人一道撤退了，到长白一带打游击。在那样的情形下面当然彼此容易认识、熟识，虽然不同一个厂子，现在见到了当然会亲热、高兴的。然而，走出门来的时候他回答我：

——她是我弟媳妇，进厂才两个月。你看，她觉得自己能够做工，自立，很骄傲。她还能够帮别人看车，所以那么高兴。一定要告诉我知道！

我们并排着走，我没有转过脸去看他，但我知道他的眼睛是一定在笑着的。

开厂务会议。出席了各厂正副厂长和各科科长。这个厂是由三个分厂组成的。撤退到长白以前各自独立，他做着现在叫作第二厂的厂长。国民党败退，从长白回来以后，合组成一个系统，他做着总厂长。现在三个分厂长都是工人出身，第二、第三厂的厂长是他亲自培养出来的。曾经有人对他说，你这两个分厂长是

1947年冬，雷加在安东造纸总厂工作时留影

两个宝贝。那意思是：如果没有这两个分厂长，那他这个总厂的工作就没有办法搞好的。现在第一厂发生了问题，这次厂务会议的中心目标就是要检讨和解决它。

从长白回来以后，由于从共产党和国民党双方的对比所受到的事实教育，工人们的积极性非常高。现在叫作第一厂的这个厂被破坏得很厉害，据留用的日本工程师的估计，就现有的条件，要修复好安置3个大蒸罐的7层高楼，非得6个月不能完成。但一个月以后就要结冰，泥土冻了就得停工，那要修好复工就至少也在十个月以后。于是，不顾一切困难，动员起工人来自己动手，连工人们的家属，妇女小孩们也来帮忙和泥搬砖，高度的工作热情克服了一切困难，终于仅仅用24天的时间就把那个大高楼修好了。在当时全东北恢复生产的工作中，这是一个辉煌的典型例子，发挥了很大的带头影响，帮助了一般干部进一步认识了工人阶级的力量。

但就是这个第一厂，现在却出现了停滞，也就是倒退的现象。似乎上级所规定的生产任务（产量）还能够完成，但工人们的工厂生活散漫得很，情绪大大地低落了。每天都有六分之一或七分之一的人溜号（请假），每天收工后的工作检讨大半敷衍了事，重要的会也很难开成，开会之前工人们都大半借故溜走了，到厂门口去拦都拦不住。

有过那样辉煌成绩的厂子现在发生了这样的现象，对于领导着创造了那辉煌成绩的他，当然是很痛心的。发现了这现象，检查出了具体的情况以后，曾经愤愤地对我说：

——我就想自己下厂去，搞它一个月看看，我不信搞不起来！

但当然，这是领导思想问题，是全厂干部的问题，第一步就是这个厂务会议。

开始是各厂的汇报。第一厂厂长报告的时候有些结结巴巴的神气，所提出的尽是枝节问题，例如运输材料有着哪些困难之类，好像故意避开那个中心问题，不让它在会场上出现似的。看一看会场空气，预感得到一定会发生一场思想斗争的。

汇报完了以后，他先把第二厂、第三厂的问题提出，讨论，解决了，故意把第一厂的问题留到最后。他提出疑问使各种情况被补充报告了出来，这些具体情况一步一步地使中心问题凸显了出来，明确了起来。追究到这些现象没有得到克服，终于发展到这样程度的根本原因的时候，他声调里面似乎隐隐含着怒气地问：

——为什么不依靠党员，不依靠团员，不依靠工会？……

会场寂静无声。他上衣的扣子全部解开了，两只手插在裤袋里，走来走去，偶尔扫视一下会场，似乎不是要求谁来回答，也似乎并没有专对着特定的某一个人。

后来讨论到具体的工作步骤的时候，好像用力地扣住了敌人的喉管似的，他又用着有些固执的口气问：

——为什么不依靠党员，不依靠团员，不依靠工会？……

坐在我斜对面的是第三厂厂长，个子不高，面孔胖胖的，戴着鸭舌帽，耳朵上夹着一支铅笔，神气还是一个刚刚放下工具的精力饱满的工人。好像为了使空气缓和一下似的，他微微抬高了面部，用着谈家常的口气说：

——照我的经验，通过党员团员，事情真好办，开展起来很顺利。……

厂务会议的两天或三天中间，开了一连串的小会。支部会，干部会，党员会，团员会……原来，办公室的电灯每晚亮到十二点甚至一点，干部们经常要工作到那个时候的，但这几晚的电灯似乎亮得更亮，亮得更紧张。

开完了会回来，夹着一个硬纸夹子，总到我这里坐一坐，坐个几分十来分钟，有时谈到在会议上发现的特殊的情况，有时若无其事地谈到像我这类人比较熟悉的和工厂无关的小问题。我又看得到他那用眼睛笑着的神气了。

最后是全厂职工大会。提前收工一小时开的。一群一群的工人向会场走去。会场要通过堆有材料的大厂房，当我夹在他们中间走进厂房大门的时候，一支

安东造纸厂的干部在学习时事政治（左二为伊苇），黑板上写着："工人们团结起来打倒反动派进攻东北！！"

纸烟还只抽去一小半，一个站在旁边的工人马上走过来，轻声地要我熄掉。我惶恐地顺从了他，没有爱惜地把大半支纸烟塞到鞋底下踩烂了，同时感觉到我的脸上已经现出了一个愉快的微笑。接着就记起了在厂务会议上决定了要马上加强组织消防队的问题。

会场很大，但没有凳子，工人们依照工作部门一部分一部分很有秩序地坐在预先铺在地上的大木板上面。坐满了一会场，每一部门都形成了一个方块或长方块，好像是长着什么宝贵的谷物的一方方的土地。

会议的主要内容是总厂长的讲话（报告），那继续了四个钟头以上。他把这个厂子最近的情况，好的例子和坏的例子，特别是坏的例子，提了出来，通过分析和说明，归结到工人在工厂里得到了当家作主的地位，应该建立新的劳动态度和劳动纪律的结论上去。会场空气一直在紧张中，除了抽旱烟管没有别的动作，除了偶尔的咳嗽没有别的声音。讲话每到一个段落，稍稍停顿一下的时候，就有青年工人站起来领头喊口号，这一部分喊过了，另一部分接着喊，那声音大多数是整齐而有力的，已经不会想到他们是不肯开会，在厂门口拦都拦不住的工人们了。

在光力不足的电灯光下面，伸展着一片聚精会神的面孔，这创造过辉煌成绩的工厂，马上就要复活起来，现在已经复活起来了。

在两个多月以后，也就是4月上旬收到他写来的一封信里：

"……我们目前，全体职工的眼睛都在瞧着职工俱乐部的修建。这一个工程的经费，现在没有可能被批准。你知道，我们多么希望有这样一个房子——开会的房子，演戏的房子！经过号召，职工们决定自己出力出钱，大家捐工，并且搜集旧的材料，加以利用，如旧砖之类。最令人兴奋的是，决心在一个月以内，五一节以前完工。

为了这个，我不甘沉默，应该走在前头，但也只能做一点我所能够做的：写一个剧本，五一节在这个全体职工完全用自己的力量修建起来的新俱乐部演出。三幕，只是本厂人事的更集中的再现，主人翁可以代表此时此地最普遍发生的纯技术观点与行会主义相结合的落后典型。……剧的内容，在我来说还未成熟，但因为生活熟悉，本厂职工终会捧场这样一种大公无私的精神的！……"

1996年12月24日，雷加和时任安东造纸厂副厂长、老红军刘国保在一起

读着它，不能不体验到一阵欢喜的情绪。赶修七层大楼的精神复活了，复活成了两千来职工一道开会，演戏，喊口号，高声欢笑的大俱乐部。经过组织和教育，终于从停滞里面前进了。然而，我们的战士又马上“走在前头”，向纯技术观点和行会主义穷追，再教育，再前进！

7．迟立安《用纸“燃烧”的岁月》

“大家一起睡热炕！”

提起安东造纸厂的往事，就要说到一个人的故事，刘天达（雷加），浪头江边出生的东北大汉，“九一八”事变后流亡关内，1938年在延安参加革命，成为抗敌文艺协会秘书长、一个革命的文艺战士。1945年日本投降，刘天达夫妇分别随东北干部团星夜徒步奔往东北，11月抵达安东。民主政府刚刚成立，干部稀缺，上级任命刘天达接管安东电台，他不愿意，他要到工人当中去。他翻开

1945年冬，雷加、伊苇夫妇接收安东造纸厂时与工人、干部合影（前排左一、左二为雷加与伊苇）

安东敌伪留下的市区电话簿，查看安东的工厂名录，一眼就选中了安东造纸厂（现鸭绿江造纸厂），刘天达单枪匹马地来到了造纸工厂，眼前是一片破败的景象。在动员工人复工的大会上，刘天达说了一段非常震撼人心的话。他说："现在是新社会，工人们要自己当家作主。从前有句话说，世界上有两种人。一种人砍大树，一种人睡热炕。第一种人，是那些辛苦的劳动者，第二种人是不劳动的地主和资本家。砍大树的睡不了热炕，这是多么不公道的事情！可是，这种年头不会回来了！永远不会回来啦！我们给旧社会出了殡，现在是新社会。现在是民主政府，是共产党领导我们一块砍大树，一块拾柴火，然后，大家一起睡热炕！"这是一声炸雷，做惯牛马的工人头一次掂量这话的含义。不久，刘天达的妻子伊苇也风尘仆仆从延安赶到安东，当她出现在厂门口时，刘天达竟认不出来了：衣衫褴褛，蓬头垢面，一个文弱的湖南妹子简直成了一个流落街头的难民。

一对共产党夫妇成了造纸厂的灵魂。伊苇是延安女大的学生，她从教唱"解放区的天是晴朗的天"开始，到写标语、墙报、领工人开会，讲解翻身的道理。刘天达和工人们盘腿坐在炕上，一起呼噜呼噜大碗喝苞米楂子，他参加年轻人的婚礼和小孩子的生日家庭欢聚，他在低矮破旧的棚厦中走家串户，他能叫出工人小孩的乳名。3个月后，工厂烟囱冒烟了，机器轰鸣了。后来，国民党进攻安东，很多工人撇妻舍子拉着机器心甘情愿地跟着共产党厂长辗转去了长白山，撤退途中还牺牲了7名工人兄弟。

木釜大楼的故事

木釜大楼是丹东造纸厂最高的建筑，有7层楼高。它是造纸中最重要的车间，楼里矗立着3个巨大的锅炉，芦苇被切碎后送到这里，进行高压蒸煮，化做浆料，经过漂白，再到抄纸车间制成纸张。我们走进这座高楼，锈蚀斑斑的巨大蒸煮锅默默地站在那里，厚厚的木楼梯上，操作平台上，灰色的苇浆残渣与尘土蛛网交织在一起，犹如一艘巨大的沉船埋没在海底的沙土中，显得苍凉死寂。然而，脚底下尘封的苇浆，在我的眼前又重新燃烧了起来，我仿佛回到了那个火红的年代。

1947年6月至7月，被破坏的内装有三座巨大蒸罐的木釜大楼正在修复之中

1947年6月10日，安东第二次解放，刘天达带着撤退回来的工人和机器重返工厂。这时的刘天达被任命为安东造纸总厂的厂长，鸭绿江造纸厂为第一造纸厂，六合造纸厂为第二造纸厂，安东造纸厂为第三造纸厂，朝日造纸厂为第四造纸厂，总厂部设在第一造纸厂，即现在的丹东造纸厂。当刘天达走进造纸厂时，这哪里是工厂，到处残垣断壁，扭曲的被炸毁的厂房机器散落四周，已是废墟一片。木釜7层大楼完全被毁。跟随刘天达回来的日本籍技术员叹道，完了！站在工厂的瓦砾上，刘天达和副厂长刘国保，一个是朝气蓬勃的参加过抗日的人，一个是身经百战参加过万里长征的人，他们只有一个革命的传家宝：发动群众！

支上几口给干活工人煮粥的大锅（那时城里缺粮，这是最好的待遇），所有的干部工人家属孩子齐上阵。24天！ 7层木釜大楼拔地而起。大楼竣工时，脚手架上黑压压站满了工人。1948年，东北电影制片厂专程来到安东造纸厂拍摄了这一壮观场面。1949年，文化名人胡风也来到工厂参观。回去后在其《在工业战线上》一文中是这样记述的："这个工厂被破坏得很厉害，据留用的日本籍工程师估计，就现有的条件，要修复安置3个大蒸罐的7层高楼，非得6个月不能完成。他们不顾一切困难，动员起工人来自己动手，连工人们的家属，妇女小孩们也来帮忙和泥搬砖，高度的工作热情克服了一切困难，终于仅用24天的时间把那个大高楼修好了。"为修复木釜大楼，工人们用去1800袋水泥，55万块砖。要知道，当时的砖窑厂还没有复工，全靠工人家属孩子捡来。刘天达曾说，55万块砖"是我心中念念不忘的数字，震撼心弦"。刘天达亲自设计、指挥在7层木釜大楼顶塑了一尊工人推着巨大齿轮的高大塑像。在工厂的庆功会上，劳动模范们双手升起红旗，刘天达仰望飘扬的红旗，仰望木釜楼上雄姿勃勃的工人塑像，挥舞手臂大呼："工人阶级的力量是无敌的！以后每当我们超额完成任务，我们就在这里升起庄严的国旗。这就是我们造纸工人的节日！"这是当年的安东造纸厂协助办工人文化夜校的女青年，后来的著名儿童文学作家赵郁秀的回忆。1950年 2月，刘天达被中央政务院副总理兼轻工部部长、著名民主人士黄炎培指名调进部里担任造纸处长。一年后，刘天达却辞官从文，他就是著名作家雷加。1954年，刘天达的第一部长篇小说《春天来到了鸭绿江》出版，小说描写了作者在安东与造纸工人在一起的经历，这是新中国第一部描写工人的小说。

8．刘仲文《鸭绿江边忆雷加》

1949年初，我到造纸厂搞建团试点工作。见到刘天达的第一面，正是照片中的模样：浓眉大眼四方脸，完全是一身工装打扮，一副工人模样。他身材魁梧，嗓音洪亮；待人亲切诚恳，行事豪爽果断，是个典型的东北汉子。他是文人出身，是那个风云多变的年代，把他推上了政坛，又把他推向了企业管理者的岗位。作为安东市第一任的副参议长，他做到了为官即为民做主。作为共产党在安东执掌政权后最早进入经济领域的管理者，1947年11月，他出任东北最大的安东造纸总厂厂长后，便领导着1800多名员工，积极恢复生产，全力支援前线。安东造纸总

雷加与刘仲文（左一，原丹东市委书记）、谢荒田（右一，雷加的老战友，原辽宁省副省长）合影

厂生产的纸，基本上是用来造东北币、卷烟的高级纸，同时生产新闻纸和书写印刷纸。因而那时民间有在东北解放区“花的是安东造纸厂的钱，抽的是安东造纸厂的烟”的说法。由此可见，安东造纸总厂对东北的解放和建设所作的贡献。

在创造新纪录运动夺红旗竞赛活动中，安东造纸厂因全面完成市委规定的八项竞赛条件，11月27日，在安东市委召开的公营企业党员大会上，安东造纸厂荣获创新纪录模范厂称号。后来刘天达本人也因生产有功管理有方而成为东北三大“模范厂长”之一。

9．雷加《难忘的岁月》（为丹东造纸厂厂史而作）

幼年时代，我不知道安东（今丹东）有那么多纸厂。1945年年底派我接收的纸厂，是属于敌伪时期“王子造纸”系统的。我爱东坎子这个纸厂。我爱它不仅因为它复工快，产品价格高，简直可以用它直接补偿自卫战争的消耗。而且，我又和它一起完成了大撤退的任务。七个月后这个城市光复了，我们从长白山回来了，这时我又调到总厂去了，帽盔山下这个纸厂那只大烟囱，我小时乘船每次都远远地望见它，我早就认识它，可是我不知道它是安东最大又是最老的纸厂。

雷加与儿子刘立宾在安东造纸厂

这个老厂第二次被我接收。看来，它的年龄比我还大，遭到的破坏又使它十分衰老。仓库被洗劫一空，不少工人为了糊口都到沈阳一带做生意去了。削木车间仅剩下地基，机器不须修理或局部修理的仅占百分之二十几。变电设备和电机，全部没有了。甚至所有的水泵全坏了，不得不先修复一台供饮水用，简直是满目疮痍，又是一片荒凉。这个工厂正好处在一条交通要道上，那七层高的木釜（注：用以蒸煮造纸原料木材的大锅）大楼，又破坏得最厉害。墙砖全部崩落了，只剩下混凝土框架，三个那么高那么大的木釜就像三颗未炸的巨型炸弹。站在江桥上可以望见它。站在山头上可以望见它。来往在安东大连之间公路上的每辆汽车，也都可以看见它。

它象征着一点什么，它是压在安东市上空的一片阴影，又是一种挑战。所有的市民每天望着它，望着它干什么呢？他们望着这个被破坏的七层高楼，要求做出回答。它要求全体造纸工人做出回答。

这时，全体工人一面克服粮荒，一面努力恢复正常工作和生活。一切都在要求着速度和决心。

市长和实业厅厅长终于做出了决定：要尽快修复这座木釜大楼。无疑它是全市修复工程的标志，它是全市人民的心愿。也是全市人民的光荣和尊严。

全市动员起来，首先是纸厂工人为此紧急动员起来。

今天回想起来，什么最重要？人最重要。但是当初我们以为最困难的是建筑材料。工期定在上冻之前，仅仅是三十几天，所以限期一个月；但砖一块也没有，现烧也来不及。当时算出来共需55万块砖，1800袋洋灰，15000立方米

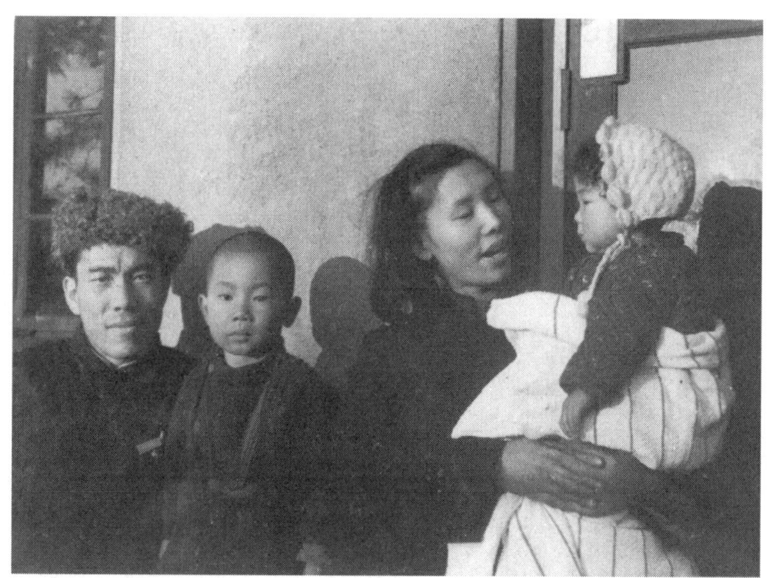

1947年2月，雷加、伊苇夫妇在朝鲜平壤

在安东造纸厂期间，雷加、伊苇夫妇与雷加的父母及家人合影

木材……当时这7层高大楼，55万块砖，30天工期这是几个非常响亮的数字。它是非常震动心弦的，也是今后长时间心中念念不忘的自豪的数字。

后来证明只要全市进行收集，砖头会积少成多的，而且大楼本身那些废砖也可利用，所需水泥只能靠采购，甚至明天待用，今晚才运到。在过去未建成而又荒芜的“轻金属”工地上，发现了无数有用的材料，但是从一人高的草丛中搜寻起来这需要极大的责任心和耐心。那么利用废品代替原材料，就更是如此了。

我这才感到人是最重要的。只要全心全意依靠工人，就能完成这个任务。他们是以由长白山回来的工人干部吕凤山、宋义生为首的全体工人，其次要依靠技术人才。

三号木釜破坏得最厉害。它的底座移了位，锅口部分又炸裂了缝，还有那三百斤重的磷铜锅盖被亚硫酸把入木口腐蚀了。我们有很好的技师和技术工人。他们逐一把它们克服并完成了。这些人才，他们过去为当地的造纸工业贡献了力量，现在又为复工和今后造纸工业的发展作出了重大贡献。这里我可以写出他们

1949年9月5日，雷加（三排右六）、伊苇（一排右四）夫妇与在安东造纸厂实习的清华大学和南开大学的同学合影

的名字：张久荣、张朝仁、陈文斌、郭跃庭、蔡天心、唐贵仁、宋协山……

张久荣学徒出身，他能闭上眼睛画出安装造纸机的任何图纸，后来他提升为工程师。他就是我在长篇《春天来到了鸭绿江》中描写过的在撤退前夕对我讲了长山岛“逃乱守不乱”故事因而留下来，当我们回来后他为复工加倍努力的那个人。可惜他和另一些老技工、老工人今天都不在世了。

当时，由于这些从长白山回来的干部，由于这些老技工和老工人，这座木釜大楼提前了六天，只用了二十四天就把它完成了。这座大楼不减当年的英姿，红砖一砌到顶，密麻麻的脚手架和大楼一样高。完工时在大楼房顶放置了一座工人推动车轮的巨大雕像。凡是来往的车辆老远就望见这座大楼和雕像了。全市的人也惊奇地望见它了。他们不能不相信现实，但又惊讶它的速度，仿佛魔术一般一夜之间这座大楼就完成了似的。

这是一个喜讯，也是一种信息。它告知全市人民，并使全市人民这样相信：工人阶级的力量是无敌的。他们七个月前做出了战略撤退，果然胜利回来了。现在，他们又战胜一切困难把全市最大的工程完成了。现在，这个完工的木釜大楼，它耸立天空，在帽盔山下它又完整地站立起来了。

造纸厂有这样一段光辉历程。它是丹东市的骄傲。它曾是辽东省最大的企业，它也曾是军区的后勤基地之一。它生产的钞票纸和印刷纸，流行在各个解放区。每张纸币带有生命的话，它们在庆贺自己的生命时，也在庆贺这个纸厂。当年，安东是东北解放区的桥头堡，像过去那些年代似的，像过去那些山东大汉闯关东似的，那时华东华北各解放区的干部过海以后，又都踏上了这个桥头堡，从这里他们再向北满走去。当他们一踏上这个桥头堡时，有谁没

雷加、伊苇夫妇离开安东造纸厂前的合影

1950年2月20日，安东造纸厂全体干部欢送雷加、伊苇夫妇（前排右五为伊苇，右六为雷加，右七为刘国保）时合影

有到这个纸厂参观过？他们为它的生产车间所吸引，又为这个企业的规模而骄傲。我记得当年长春电影厂的吴本立同志，也带领一个摄影组到工厂来了，他们把削木车间、制浆车间……木浆造纸的整个生产过程都拍摄下来了……

这就是全国解放前，东北解放区第一部新闻纪录片。可能你有机会看过了，也会给你留下一些印象了。

这些都是历史的见证。

第八章

创作《潜力》三部曲：《春天来到了鸭绿江》《站在最前列》《蓝色的青棡林》

1.《潜力》三部曲内容简介

《春天来到了鸭绿江》提要

《春天来到了鸭绿江》是《潜力》三部曲的第一部。它以“八一五”东北解放为背景，描写了一个造纸厂迅速恢复生产支援解放战争的故事。作者刻画了厂长何士捷这个具有优秀品质的共产党员的形象。他依靠群众克服了种种困难，使工厂得以复工，并把生产提高到前所未有的水平，完成了经济任务，支援了解放战争。它反映出无产阶级的优秀品质和劳动热情，也显示了在党的领导下东北解放区人民在经济战线上的胜利。

1951年，雷加在中央文学研究所

1951年，雷加在中央文学研究所

1952年初到北京的雷加、伊苇夫妇

《站在最前列》提要

《站在最前列》是《潜力》三部曲的第二部。它描绘了一个造纸厂在解放战争中组织撤退的宏伟而壮丽的画面。一方面工厂在党的领导下，为了支援前线，克服了保守思想，使生产水平得到了空前的提高；同时为了战争的需要，又必须执行艰巨的撤退任务。作品围绕着这两个方面，展开了拥军、参军、动员工人家属迁移及和暗藏的敌特作斗争的错综复杂的场面，同时刻画了各种工人不同的精神面貌，塑造了工人干部岳全善、梁满富和老工人王保禄的鲜明动人形象，又从年轻工人衣廷秀和徐家光的恋爱故事中，反映了他们的成长过程和优秀品质。

《蓝色的青㭎林》提要

《蓝色的青㭎林》是《潜力》三部曲的第三部。它描写了解放战争初期国民党向东北大举进攻时，造纸厂的干部和家属撤退后，留下来的工人对敌展开护厂斗争。在四保临江战役胜利后，他们克服了种种困难，完成了恢复生产和建设任务。小说描写了当时各方面复杂而壮阔的生活情景。《潜力》三部曲以其庞大的结构，巨大的生活容量，勾勒出天翻地覆年代中各种不同人物的思想动态和精神风貌。

2．雷加《蓝色的青㭎林》后记

1945年11月，辽东省委派我接收一个工厂。我在那个工厂里度过了复工，撤退，又复工三个过程的整整五个年头。

《潜力》总标题下的第一部：《春天来到了鸭绿江》，大约是描写1945年11月到1946年五一节的复工过程。第二部《站在最前列》，描写了由1946年五一节到当年10月，这一段生产任务更加紧迫，同时展开的拥军、参军、动员工人家属迁移，以及与暗藏的敌特作斗争的各种运动，也就是准备撤退的前奏曲。第三部《蓝色的青㭎林》，描写了工人撤退到长白山之后的生产自给，四保临江的战斗。为了写作方便，它分为上下部，下部一直写到1947年底蒸罐大楼的竣工。

历史的演变，或者说现成的场面安排，使我得益不少；但是那些具有现实意义的生活细节，也是非常重要的。经年累月的工作当中，我参加过年轻工人的婚礼，又为他们出生的婴儿祝贺。我也是车间小组会的积极参加者，是全厂积极分子的朋友，我几乎访问过每个家庭，我知道所有人的名字。在那些轰轰烈烈的反工头斗争、反奸斗争中，数不尽的控诉和眼泪，现在回想起来，也还是令人震撼心腑。

这些生活，当时是在千军万马的沸腾声中度过的。不论哪个事件，它都有声有色，引起共鸣，又都联系过去，绝不是无因无由发生的。这一切，按着历史的节拍弹奏着，无时无刻不在叩击着我的心弦。在我工作的后期，我才有了写它的意图，而且一旦这样打算的时候，它就变成客观的要求了。

但是在我工作中，不可能像我所需要的那样多方面地了解一切，而且当时也完全没有记录材料的时间。这种空白是难免的，而且也是可以补救的。

撤退以后，因我有了别的任务，我并没有一起和工人到长白去。只是六个月之后，当他们快要从长白出发的时候，我才回到长白。就是说，我并没有亲身经历这段生活。另外，几个纸厂合并，成立总厂，也是回到安东五六个月以后的事；蒸罐大楼的抢修，不是我而是由副厂长刘国宝同志领导的。对于这两个时期，我只好靠着补充材料进行写作。

补充材料时，我又得到了另一收获：那就是阅读了安东县志，并且在当地进行了访问。今天看来，风俗人情的研究和了解，也是不可或缺的。

第三部另一条平行线索，即四保临江的描写，一方面由于年轻的电工王长留这个人物的需要，他通过无数次的冰天雪地的战斗成长起来。另一方面，“三下江南”“四保临江”是全国解放战争庄严的序曲，无数个参加解放全国的南下干部，都是经过东北解放战争洗礼之后由东北出发的，而安东的撤退，也只是为了保存力量，最后战胜敌人的有计划的行动。描写这段历史，对我来说是最光荣的。但是我从来没有参加过战斗，我所有的经验，不过是1938年冬随一二〇师在冀中那一段打游击的生活。当我1951年再回到辽东了解这段材料时，所有战斗部队都已南下。我失去了一切希望。后来，打听到还有一部分老同志，留在辽东省荣军处工作，他们帮助了我。此外，最可靠的战事记录，就是当时当地出版的《辽东日报》和《东北日报》。

3．茅盾对《潜力》三部曲中一部分内容的评价

“支持”——雷加（长篇的一部分）（人民文学，1954年7月），就此一部分而言，写得相当好。文笔朴素而生动（描写风景部分较差）；写生活上琐细事件时，也不是硬凑以图“表现人物的精神世界”，而是与故事的发展有关系的，结构也还紧凑，但在文字上，仍有可以淘汰之处。

4．康平《伟大的时代　光辉的形象》

《潜力》三部曲，不是一般地概括解放初期东北地区斗争的特点，而是以“庞大的结构，巨大的生活容量”描写一个工厂的发展变化的历史，为那个暴风骤雨年代留下了深刻而真实的记录。

解放战争初期，东北地区的斗争有着十分重要的意义。日本帝国主义者，为了实现他那争霸全球的野心，从“九一八”开始强占了东北这块富饶而美丽的

雷加与康平

土地，残酷地压榨和凌辱东北人民达十四年之久。日本投降后，国民党反动派马上与敌伪勾结，把敌伪军变成进攻解放区的先遣队。他们与土匪、地主武装和特务狼狈为奸，活动猖獗。为了使东北人民过上和平、幸福的新生活，建立巩固的东北根据地，就必须消灭国民党反动派，这个斗争的成败关系着祖国的前途和命运。《潜力》三部曲的作者，把他的作品放在这个时代背景上，把艺术的触角伸向广阔的现实和历史的空间，为作品的人物提供了纵横驰骋的天地。

5．吴访益、白志伟《为有源头活水来》

20世纪50年代，雷加同志以饱满的热情为我们奉献了五部内涵丰富、容量巨大的长篇小说，即《潜力》三部曲、《我们的节日》和传记性小说《海员朱宝庭》。

1952年，雷加与儿子在北京寓所

《潜力》三部曲（包括《春天来到了鸭绿江》、《站在最前列》和《蓝色的青㭎林》）着力展示了一个大动荡、大变革、地覆天翻的时代，可以说，《潜力》三部曲就是一幅风云激荡的社会主义革命和社会主义建设的宏伟画卷。它是从纷繁复杂的生活本身来表现时代变革的，没有用概念去套生活，也没有从某种观念出发去找寻生活素材和演绎故事。《潜力》三部曲多少带有些“写实”和“自传”的性质，作者所描写的主要人物何士捷，在生活中的原型就是作者自己。在解放战争时期，雷加同志曾担任丹东造纸厂厂长，在那里组织广大工人战胜困难、恢复生产，以支援反对国民党军队进攻的自卫战争。作者正是以这段时间的亲身经历为原材料，进行艰苦细致的艺术加工和创造，才创造出《潜力》三部曲的。

1953年4月，雷加陪伊苇回湖南老家时留影

1954年，雷加在写作《潜力》三部曲时留影

6. 周良沛《白马雪山　碧罗雪山　四莽雪山》书前

开国初，雷加以庞大的结构，巨大的生活容量反映解放战争时期一个接收过来的纸厂，在敌人大举进攻中的撤退和恢复过程中，中国工人的生活和斗争的三部曲《潜力》，就是写他自己的这段经历。它以此格外真实、亲切、动人，有它广泛的影响。作者为此有机会阔步仕途，被人看中可以做大官的人才。人各有志，他弃官不弃笔，独来独往，天马行空于工厂、农村的生产战线。能写则写，不能写则罢。

7. 对《潜力》三部曲的部分评介文章

工人阶级的赞歌——读雷加的长篇小说《春天来到了鸭绿江》

余白，《中国青年报》1954年11月30日

介绍《春天来到了鸭绿江》
王鸿谟，《文艺学习》1955年第1期

《春天来到了鸭绿江》读后
戈平，《文学书刊介绍》1955年第3期

向何士捷学习些什么？
许晨，《文学书刊介绍》1955年第3期

领导与群众相结合——谈《春天来到了鸭绿江》
方白，《文学书刊介绍》1955年第3期

一对青年工人的成长——谈《春天来到了鸭绿江》中的两个人物
王靖，《文学书刊介绍》1955年第3期

《春天来到了鸭绿江》读后感
张烈，《文艺报》1955年第7期

读《春天来到了鸭绿江》
单复，《文艺丛刊》（第2辑）1955年3月

人们，在斗争中成长着——介绍《站在最前列》
方白，《文学书刊介绍》1956年第3期

做一个社会主义的“金人”！
许晨，《大公报》1958年2月10日

骄傲使人落后 ——读《蓝色的青棡林》杂感

许晨，《文汇报》1958年4月14日

工业战线上的英雄群像 ——介绍雷加的《潜力》三部曲

方白，《羊城晚报》1958年5月6日

谈《潜力》三部曲

毛献文，《北京日报》1958年5月7日

从“手里握着杓子”谈起 ——读《蓝色的青棡林》

龙世辉，《潜力》评介，作家出版社1958年

迎接困难，战胜困难！ ——读《蓝色的青棡林》

赤薪，《处女地》1958年9月

伟大的时代 光辉的形象 ——略论雷加的《潜力》三部曲

康平，《沈阳师范学院学报》1981年第2期

为有源头活水来 ——雷加长篇小说创作浅论

吴访益、白志伟，2001年

8.《潜力》三部曲在国外出版

1957年至1959年在苏联出版

1962年至1963年在越南出版

9.《潜力》三部曲在新中国文学史上的定位

之一：翟泰丰《二十世纪中国文学的回顾与思考》

共和国建立之后，我国文学进入了繁荣社会主义文学的新阶段，出现了第三个高潮。这个时期的文学，在欢呼人民革命胜利、人民当家作主的同时，也面对着战后中国满目疮痍、百废待兴的艰难局面。作家们一方面深情地回顾革命战争的历史，塑造了无数可歌可泣的英雄形象，另一方面又以饱满的热情赞美着共和国的劳动者、建设者，产生了许多脍炙人口的优秀作品。长篇小说《红旗谱》、《红岩》、《青春之歌》、《苦菜花》、《野火春风斗古城》、《保卫延安》、《铁道游击队》、《创业史》、《三里湾》、《上海的早晨》、《一代风流》、《潜力》、《茫茫的草原》、《草原烽火》、《李自成》（第一卷）、《林海雪原》等作品在人民群众中产生持久而空前广泛的影响。……这正是人们常说的“前十七年”文学创作的辉煌成果。

之二：舒晋瑜《劳动者应当成为文学作品的主人公》

五六十年代，工业题材的长篇小说，比较有影响力的还有周立波的《铁水奔流》，艾芜的《百炼成钢》，雷加的“《潜力》三部曲”：《春天来到了鸭绿江》、《站在最前列》、《蓝色的青棡林》，艾明之的《不疲倦的斗争》、《浮沉》，萧军的《五月的矿山》，罗丹的《风雨的黎明》，李云德的《沸腾的群山》等。

之三：张炯《在草明同志百年诞辰纪念会的讲话》

五四新文学运动以来，我国作家描写农村乡土题材的创作比较多，而描写城市工业题材的作品比较少。茅盾的名著《子夜》虽然涉及工厂和工人的描写，毕竟不是笔墨所在。丁玲在左联时期曾写过工人，也只是浮光掠影。萧军的《五月的矿山》在那时更属凤毛麟角。而东北解放区从草明的《原动力》，还有杨朔的中篇《红石山》和康濯的长篇《野石坡演义》等到建国初草明的《火车头》、雷加的《潜力》三部曲《春天来到了鸭绿江》等以及周立波的《铁水奔流》、艾芜的《百炼成钢》先后出版，掀起了表现工人阶级和工业题材的空前高潮。由于我国的工业化和城镇化，城市工业题材将会在我国文学中占据越来越重要的审美地位。这方

1995年，雷加（左三）在中央文学研究所与白刃（左一）等合影

1995年，雷加（左六）在中央文学研究所（现鲁迅研究院）与同事们合影

面题材的先驱者的历史功绩和创作经验，将会显得越来越重要。

之四：中国现代文学馆关于雷加的简介

雷加（1915—2009），原名刘涤，辽宁丹东人。

雷加的作品始终以高昂的激情来歌颂祖国的解放与建设，代表作以《潜力》(1954—1958)为总名的长篇小说三部曲，以抗战胜利后国共两党在东北战场上的殊死斗争为大背景，以安东造纸厂的搬迁为线索，生动展现当时东北地区的社会风貌和工人阶级的革命品质，是建国初期描写工业战线生活的优秀长篇之一。

中国现代文学馆关于长篇小说的展板(之一)

雷加的《潜力》三部曲《春天来到了鸭绿江》、《站在最前列》、《蓝色的青㭎林》

雷加《潜力》三部曲的俄文译本和越南文译本

第九章

栉风沐雨　紧追时代步伐

1．李辉《胡风集团冤案始末》

1950年3月23日，胡风在上海曾给已调到北京中国青年艺术剧院的路翎一信，此信1955年曾发稿至印刷厂，列入“胡风反革命集团第二批材料”之中，后被删去。信的摘要如下：

“刘天达，笔名雷加，做了约两三年安东造纸厂厂长。人很好，对创作经过辛苦。曾寄过《在铁链中》给他罢。他调到了北京，来信问你的通信处。我已告

1954年10月至1955年2月，雷加（右二）和艾芜（右一）出访匈牙利、捷克斯洛伐克时留影

1954年10月至1955年2月，雷加（后排右二）和艾芜（后排右四）出访匈牙利、捷克斯洛伐克和儿童们在一起

诉了你的地址和电话。有空找找他。西交民巷，东半壁街14号，轻工业部造纸处。大概是处长。剧本可给他看看，得点意见。他熟悉工人。”

2．张凤珠《追忆雷加》

我认识雷加之前已经听说过他的大名。1949年丁玲到沈阳，给爱好文艺的青年作报告，曾举雷加为例子，她说：“在解放战争期间，雷加是一个大厂的厂长，还是模范厂长，他比我们这些作家气派多了。我们没有车，有急需时，只好向雷加去求助。现在调他去北京了，准备让他做轻工业部的副部长，他不愿意，一门心思要搞创作，为了文学，他宁可牺牲名位。这是一种挚爱！”

后来，我也到作家协会工作了，认识了雷加，也只是熟悉其面孔而已。真正使我大吃一惊且印象深刻的，是在反胡风运动初起时，雷加是被点名的。在一次会上，雷加交代他和胡风的关系，无非就是他向胡风办的刊物投过稿，这

雷加与张凤珠

个刊物发表过雷加的作品，胡风进入解放区后，去东北参观过雷加所在的工厂。胡风写文章赞扬过雷加这个厂长的风采。雷加说完这些，抱出一大摞笔记本，他说这是他十几年的日记，现在都交出来，请党审查他。当时会场上鸦雀无声，人们被这一非同寻常之举震撼了！主持会议的是总支书记阮章竞，他慢条斯理地用笔敲着桌子说："大家不要被表面行动蒙住了，根据掌握的材料，雷加有些事还在回避。"这以后的场面可想而知。我却感到惶恐，我不知道他怎么才能洗清自己。意外的是，此后却没有雷加的声息了。下面的传说是：本来还要公布一批"胡风反革命集团"书信往来的人名，其中就有田间和雷加。田间因为有胡风的事，还加上即将登场的批"丁陈反党集团"的牵扯，两项压力使他感到生命不能承受之重，跳后海自杀，幸而获救。但这件事震惊了有关领导，对公布这批名单踩了刹车。总之雷加似乎从反胡风运动中逃脱了。运动当然还在继续，只是这次是批"丁陈反党集团"。不知雷加怎样赢得的幸运，可以不参加这些批斗会，他到工地去了。每隔一段时间他要回到机关，党组让他坐在机要室看开会的材料。其实他很熟悉运动中的会，只是这次坐在被告席上的人是丁玲，雷加心里会别有一番滋味。他和丁玲有很深的友谊，终生对丁玲很崇敬。在延安时他的一些作品就是由丁玲寄到大后方发表的。我曾听丁玲这样评价雷加："雷加这个人是不计名位的。凭他的资历和水平早可以做高官了，他不爱这些。雷加很会处事、做人的。这个圈子里互相在一起吃饭是常事，雷加从不参与，但在婆婆（丁玲母亲）死后，雷加很郑重地请我们吃了一次饭，这件事我一直记在心里。"

在反胡风运动过后，他尽量做到远离单位，远离领导层，躲开各种纠纷，也躲开了政治漩涡。他始终坚持在群众中生活，走遍祖国的江河大地。我想雷加对自己的选择是满意的。

3. 雷加《文学谈话》

整胡风问题的时候，我好像是在文学研究所，在作协没有什么职务。当时

雷加在胡风生平与创作道路展览会上

临时通知我开会，开胡风的会。开着开着，哎，一下子突然点到我的名字了。我没有思想准备，完全不知道。我和胡风就是通过几封信。我们的关系就是他在编《七月》的时候，延安的人都互相传说，说胡风是鲁迅这一方面的人，在编《七月》，提携一些年轻人，文艺思想也比较好。我们的一些稿子就送到他那里去了。我的那篇《黎明曲》，最初叫《她们这一群》，就是发表在《七月》上。另外还有几篇也在《七月》上发了。当然，他就会知道我的名字了，知道我的一些情况。

雷加与胡风的夫人梅志

我在丹东造纸厂的时候，当时的辽东，丹东是个中转站。因为铁路不通，一半的新四军干部、山东干部凡是要到东北来的，都是走水路，从青岛、烟台到丹东然后转车。当时时间充裕一点的，都要到工厂参观一下，我接待过好多人。从材料上看，解放战争期间，先把大批人士转移到香港，然后再组织这些民主人士离开香港回到大陆，胡风他们这一批也是走的这一条路。他到了丹东以后和金肇野联系，金当时在省政府哪个厅工作。胡风就提出来有个雷加。金肇野就打电话来，说胡风来了，想看看你。我说，好吧。我就用车去把他接来。胡风说他要在这里逗留几天。我说，你要是愿意住在工厂就住在这里吧。当时工厂里有几套日本的小房子，腾出外边一套给他住，他住了十几天。他就住在那里，参观参观工厂，还参加一些会议。每顿饭给他准备两盘菜，买点酒。有时候，晚上谈谈。那时我把已经发表的《鳝鱼》给他看。他看了《鳝鱼》，很喜欢。他说，你这个文章写得好。这就是我们的关系。

4．雷加《文学谈话》

1955年以后开胡风的会，叫我去参加。我从匈牙利、捷克带回来一瓶扁瓶子酒。那个酒相当厉害，我一直放在那里。一开完批判会了，回来我就猛猛地喝几口。后来就提出问题了。提的问题也就是根据那几封信。不然还有什么问题？提出的问题还有就是胡风说我的《鳝鱼》好。马加还在那儿说："啊，我看《鳝鱼》就不好。"（哈哈哈）丁玲的那句话我都忘了，据你妈妈说，丁玲流着泪说："雷加，你怎么跑到胡风的怀抱里去了？"后来发生了田间自杀的问题，事情闹大了，可能中央觉得这事不能再扩大了，像我这样材料不多的，也就解放了。

5．雷加《文学谈话》

谈到好像我把几个运动都躲过去了。胡风问题以后，我急着要下去，那是有点躲的意思，实际上也不完全是这样。既然把我从胡风问题中解放了，我就要干自己的事了，我就赶快下吧！当时刘白羽主持作协工作。党组决定成立创作工作委员会，想留我在那里。他和我谈了两次话。第一次谈话我就说我不能

黄河三门峡

黄河三门峡工程

留，我要下去，我的长篇也要写。他不同意，谈得有点翻了，后来，又过了一阵，就把我放了。

6. 胡文杰《探求世界上一切真善美》

1956年，北京某宾馆，三门峡水利枢纽工程建设方案正在这里紧张酝酿着。仿佛是上苍有意安排，雷加在这里见到了这幅宏伟蓝图。

1957年，雷加和三门峡的建设者一同踏上了那块热火朝天的土地。1960年，当三门峡

1958年，雷加（右一）、华山（左一）在三门峡工地与老艄公合影

开始蓄水运行时，雷加已在那里生活了整整三年！这期间，他下到开矿局的一个班组，每天早晨与工人们一起乘交通车去工地，一起打眼放炮，一起吃着工地食堂粗糙的饭菜，一起住在干打垒的工棚里；夏天，酷热难当；冬天，朔风刺骨，物质条件极其艰苦。然而工人们没有丝毫畏惧，依然以冲天的热情忘我地劳动，这使雷加深刻体验到了新社会工人阶级那种艰苦创业、奋发努力的崇高精神。

1958年，雷加（右二）、华山（左二）在三门峡工地

1958年11月，黄河三门峡神河断流成功

1958年，雷加（中）等在刘家峡工地留影

1958年，雷加在刘家峡工地

他说："我决心下去是和生活有关，是和时代的步伐紧密相连的。"是的，生活在召唤，时代在前进，雷加的脚步一刻也未曾停歇。

7．胡文杰《探求世界上一切真善美》

1958年，雷加在北京陶然亭滑冰场滑冰

在三门峡期间，雷加从李季处得到一个消息，玉门油矿有一个非常出色的干将，叫王进喜。他迫不及待地立即同李季、闻捷二人一起去了那个春风不度、渺无人烟的荒凉之地。在玉门，他们与石油部长余秋里不期而遇。这又给他们传达出一个重要讯息，他们知道了石油系统准备开一个石油会战的现场会，地点在远离玉门的新疆准噶尔盆地西北部的克拉玛依。三人一致决定立即赶赴克拉玛依。他采访了以后成为石油战线的铁人、全国劳模王进喜。他从他们那不甘落后、奋勇当先的精神中，又一次受到灵魂的洗礼。

1960年，雷加在北戴河

1958年，雷加在湖北神农架林场

8．雷加《火的自述》

1960年，我随科学院综合考察队去云南横断山脉工作了半年，回来写了一组散文。我爬过三座雪山，又在玉龙雪山脚下休整过，所以题名《白马雪山》、《碧罗雪山》和《四莽雪山》，记录了一路上考察队各科研小组的活动。沿途所见的动物不多，但是雪山上下都有不同的植被，山上的森林尤其多。森林是我们的宿营地，也是我们山中小路的屏障。森林之海是迷人的，它有各个树种，各种群落。为了争取阳光，像少女般的躯干，亭亭玉立；但各种低生植物和蕨类，也姿态万千。各种绿色，浓淡不同。在绿色世界中，竟有这么多不同的绿，这在一块调色板上无论如何也是办不到的。但是，忽然看见了一种惊心的景象：它被伐、被砍、被烧、夭折、被遗弃了，或者空心枯死。看见这些，我就像看见了婴儿的孤坟，或者是踏进了一座万人坑。一座被烧的森林，我把它比做“大地的死眼”。我面对着“大地的死眼”的时候，每条神经都在震动，我又长久地伫立，不能立刻离去。我凭吊，我感受，我叹息，我用全部感情在呼号……于是我写下了《火烧林》这篇散文。

1960年，参加中国科学院科学考察队的雷加骑着毛驴过横断山脉

1960年，雷加参加中国科学院考察队随植物组在云南横断山脉过海拔3950米的四莽雪山垭口

1960年，雷加参加中国科学院科学考察时与考察队植物组组长合影

1960年，雷加参加中国科学院科学考察队乘溜索过澜沧江

9．王家斌《雷加与海》

1964年他上船时，是北京作协的副主席。由于我当时是个业余作者，天津作协和公司党委便把具体的接待任务交给我。老海狼们对高干兼大作家的雷加开始敬而远之，后发现他一点不摆架子，便上上下下都管他叫“老雷”。而且，他居住的曾是报务室的小单间舱室里总是挤满了人。船离码头，开始他只能站

“津水43号”渔轮

1963年7月，雷加在渤海湾“津水43号”渔轮上

1964年，雷加在大庆油田

1964年，雷加（左二）、徐迟（左一）在大庆油田和铁人王进喜（左五）等人在一起

1964年3月，雷加（三排右一）随中国文联赴大庆慰问团访问大庆时合影

1965年，北京文联作家合影（前排左起：田蓝、吴作人、老舍、杨沫、刘厚明、张李纯、草明、浩然；中排左起：端木蕻良、曹禺、雷加、骆宾基、周述增、戴其锷；后排左起：古立高、李方立、李强、杜印、 管桦、王慧敏、江枫、林斤澜、李学鳌、杜金玺、杲向真）

在驾驶室里作旁观者。后来便跑到后网台去帮渔捞长补网上梭子。出海的第二天，海上起风了。一般的海狼靠码头久了，再出海都要有晕船的现象，雷加居然不晕船，这也是全船的老海狼都为之叹服的。对雷加更为尊敬的则是老船长，

因为，他能从雷加苍白的面色中看出他的内心也不好受。“天生一副海狼坯子。”船长赞叹着，“若不是能咬牙，恐怕也熬不到那么高的爵位。”很快，雷加不仅学会了补网，还能看懂海图，更多的时间则是找人谈话并作记录，我发现他的采访记录本上记满了航

1952年，雷加与家人在北京合影

1957年，雷加与家人在北京中山公园合影

海术语和各种捕捞工具名称。还有许多是船员的生活疾苦，如生活的艰险枯燥；伙食供应的标准偏低；工资结构的不尽合理，婚姻问题的难以解决……一个航次，十几天的时光就这样忙忙碌碌过去了。

1958年，雷加与家人合影

20世纪60年代初的雷加与伊苇

1965年春节，全家合影

船回港，雷加要离船了才对我说：“本来想跟你聊聊创作的，却又不知该说什么。我想，将来还会见面的。但有句话必须要说：如果你真想当作家，就永远也别离开船离开海。”

第十章

「文革」前后

十年沉寂

1．雷加“文革”初期日记

1966年6月　参加亚非作家紧急会议。

1966年8月　回机关参加运动。

1966年8月26日　红卫兵冲击文化局。

1966年9月9日　声讨老舍。

1966年12月11日　大字报《雷加敲着破锣上台了》。又一张《第二次警告雷加同志》。

1967年11月18日　大字报《雷加狠触灵魂》。

1968年9月23日　集中住宿。

1966年6月，在北京召开的亚非作家紧急会议会场

1966年6月，在北京京西宾馆出席亚非作家紧急会议的中国代表团合影（前排左起：胡奇、冯至、朱子奇、曹禺、严文井、许广平、巴金、郭沫若、刘白羽、杨朔、郑森禹、虞棘、钱李仁、杜宣、杨沫、□□□；后排左起：雷加、王杏元、王光、高缨、于雁军、黄钢、李季、胡万春、 郝金禄、金敬迈、韩北屏、张永枚、胡可、徐怀中、丛深、陈光媚、林元、林雨）

1966年6月，党和国家领导人接见出席亚非作家紧急会议的全体代表（最后一排右二为雷加）

1966年6月，陈毅副总理会见出席亚非作家紧急会议的巴基斯坦代表团（后排右二为雷加）

雷加（左一）陪同参加亚非作家紧急会议的日本代表团在机场

雷加（前排右二）陪同参加亚非作家紧急会议的马里代表团参观长春第一汽车制造厂

1966年6月，雷加在机场为参加亚非作家紧急会议的外宾送行（前排右起：巴金、金敬迈、雷加）

1966年，雷加（左三）和刘白羽（左二）边走边交谈

1968年10月15日　集中教育行政干校。

1968年11月21日　两组合并讨论，叫我写第三次文化大革命材料。晚上开批斗会。

1968年12月5日　某某找谈历史问题（这中间开了数次批斗会）。

“文革”中的雷加

1968年12月29日　赵某某提问历史问题。

1969年1月8日　下午先提审，说我态度不老实。

1969年1月27日　交上三次检查稿。

1969年1月31日　某某在班上点我的名：“一到关键问题，不知道，不清楚。”

1969年2月4日　晚开宽严会，解放孙某某。

1969年2月5日　革命群众开始帮助，要我写出全面检查，一直写到夜里四时。

1969年2月7日　某某找我谈历史问题，提出三个问题，明天要材料。

1969年2月12日　某某四次谈话，准备随时接受批判。

1969年2月16日　某某又谈“交代所有社会关系”。

1969年2月28日　党校二次宽严大会，解放四人，但没有我。

1969年3月4日　安同志谈话，叫我向前看。

1969年3月19日　批我的“入党做官论”。

1969年5月31日—1973年4月19日　下放房山县石楼公社吉羊大队劳动。

1975年8月11日—10月30日　批林批孔又去汽车修理四厂劳动。

2. 阎纯德《生活的开掘者》

雷加的创作生活一直是跟着时代前进的。从前方抗战和陕北农村直到今天，他像一只骆驼，总在生活里不停地跋涉着。他回顾自己的创作时说：“我总是这样：生活了就进行创作，创作中又在计划下一步的生活。但是文化大革命腰斩了我的生活和创作。如果中年的生活更重要的话，那就是双倍的损失。”

3．雷加《生活奖章》

不久就面临“文化大革命”的考验了。

所谓1966年红八月，人人记忆犹新。首先映入眼帘的是人的洪流，挤破了市文化局和市文联的大门。一夜之间，人人似乎都变成了红卫兵。人人短毛盖，人人手中一根打人的宽皮带。满街满巷都是红卫兵，几人一小队，几十人一大队。他们有着重大目标似的，又漫无目标地行动，如同一群可怕的黄蚁。8月23日，一个红卫兵小队进驻机关大院，揪出走资派大斗不已。这只是序曲，不久开进卡车，把院内所有的“牛鬼蛇神”统统押上卡车。只见一阵阵无情的皮带抽打，赶着“牛鬼蛇神”爬上车厢。车厢高，资深的走资派，年老体弱，动作迟缓，不知多挨了多少打，这正是红卫兵“造反有理”所希望的。卡车拉到文庙，那难以描述的一幕开始了。旧戏衣堆得比山还高，全市的“牛鬼蛇神”跪在周围，前面是焚烧戏衣的熊熊大火，背后是像雨点打来的皮带。用皮带打人是一个惊人的拙劣发明，皮带上的铜环更使之登峰造极。红八月的街头，汹涌的人群铺天盖地，一时间都站下来望着这堆大火。它烧了不知多少时辰，才蓦然收场。含冤而死的先去了，强壮一点的和坚韧的汉子留下来了。骆宾基就是其中一个。

1988年9月，雷加在环境文学征文评奖会上为骆宾基拍照（左起：袁鹰、邓友梅、骆宾基、雷加）

骆宾基属于极其坚韧的一个。他从不低头，也不认罪。时间一长，便有了不同的安排。有一阵大部分进了小“集中营”。门锁上，搜去皮带，又把电线掐断。这时他们既是犯人，又像古董文物似的保护起来。再以后，有的下放劳动，有的走进各种学习班。骆宾基可能是最独特的一个。他总是独来独往，独自被提审，独自拘留一地。他的案情越是一目了然，就越是复杂得处处有错。说起来像苦瓜，浑身是刺。首先他是反革命分子，一度失去党的关系，又在白区两次被捕。这些他都言辞恳切，但是一句委屈自己的话都不说。他和冯雪峰关系最好，冯雪峰早已被打成反动学术权威头子，骆宾基不但说邵荃麟是好人，他说冯雪峰更加“崇高”。他敢对红卫兵反驳说：“30年代，左翼文艺，左联，是红的，是党领导的。左联，左翼文艺是红线，不是黑线。这一点很清楚。”他说谁是大好人时，敞开嗓子喊出来，像是对天鸣誓一样。一块淬火的钢可以吓退一队敌人，真不假，他就是这样一副傲骨。一脸挑战的神气。他会紧闭嘴唇，嘴唇是灰白色的，一双浓眉，微微耸动；两颗黑眼珠射出冷冷的光。

4．李牲《我对雷加永远心存崇敬和感激》

雷加对生活的态度，总是积极的、乐观的、冷静的、辩证的。即使在身处逆境的时候，也仍是泰然自若、洁身自好。

雷加与李牲

“文革”开始，可能因为都知道雷加来自延安，经过革命战争的考验，所以一度被当作“左派”。不久他对所在机关有些人和事表示了不同意见，很快就被变脸为“审查对象”。对此，他既不以任何方式表白自己的清白无辜，也不屑于向当时的风云人物献媚求安，而是平平静静、坦坦荡荡地接受“审查”。那段时间我虽与他接触不多，但在我的心目中，他的形象比他那又高又壮的身躯还要高大。

5. 夏红《关于书的情结》

1972年初，我在机关图书馆看到一个“开放书目”。其中有雷加的50年代初创作出版的长篇小说三部曲，即《春天来到了鸭绿江》、《蓝色的青㭎林》、《站在最前列》，便写信把这个消息告诉给正在房山县石楼公社下放劳动的雷加同志。很快收到他的回信，开头便说：“接来信，十分高兴。因为开放书目，可比拟为解放干部。在整个文学长河中，为解放初期保存下来几部文艺作品，这是我们党的文艺工作者所切盼的吧！这样，你我都应该为之庆祝。我急切地希望知道，除我那三本之外，就我们熟悉的人来说，还有些什么保存下来的人和书？”

6. 雷加《再去房山》

18年前，我这个下放干部在京郊的房山县几个村子待了4年。吉羊是个千户大村。现在到吉羊，旧街道、旧房子都不见了。我急于寻找熟悉的事物。我脑子里留下来的强烈印象是劳动，我终于找到了我劳动过的土地，我也找

1969年至1973年，雷加下放到房山县石楼公社吉羊大队劳动。图为雷加（左三）与一同下放的干部们合影

1970年10月，雷加（右一）在房山县下放劳动

在房山县下放劳动时的雷加（之一）

在房山县下放劳动时的雷加（之二）

1971年4月，雷加（后排右二）与参加房山县第四届积代会的石楼公社全体代表合影

回了经过劳动深化了的淳朴的感情。先去三队的场院。它仍耸立在那块高地上。也许不是高地，只是两边的深沟加深了这个印象。整个夏收我都在场院上度过。这里的烈日比别处辉煌，这里的雷阵雨也比别处富于诗意。我又去找棉花地，当年我在棉花地费工最多。那时每天早晨在地头上“叫齐”。叫齐的地方今天已不可认了。我有时跪着耪地的地方又在哪里呢？我记得那是在村边上，一片地瓜地。一串串地瓜蔓子，大叶子绿油油的。先把蔓子撩开，再把它下面的杂草

1987年4月，雷加（前排左三）回到房山县石楼公社吉羊大队与大队干部合影

除净。这需要蹲功。难道蹲着还要功夫？对的，不信试试看。我就没有蹲功，常常跪下去，因此省力些。我认识这块地，这块地也该认识我。

7．陈建功《忆雷加》

1974年，我还是北京京西矿物局木城涧煤矿的工人，那时我就认识雷加了。在结识浩然的同时，我又结识了草明。再后，到了1974年，我就认识雷加了。如果说结识浩然是纯系巧合，结识草明，是经人介绍，结识雷加，就是"组织安排"了。那时的雷加，好像刚刚被"解放"，大概也有那么一点考验他的味道，《北京文艺》组织了一个改稿班，大约目标也是"歌功颂德"吧，让我们写"文化大革命就是好"之类的文字。雷加等人被派来做我们的"辅导老师"。算起来雷加那时应该是59岁，在25岁的我看来，已经是"老前辈"了……说实在的，当年初识雷加，用我们后来挑破了话来说，是"麻秆打狼，两怕着"。我们对雷加是"警惕"的，因为他是"十七年文艺黑线"上下来的人物。他对我们也是警惕的，因为我们是被挑选出来唱"文革赞歌"的"工人阶级代表"啊。都抱着这样的警惕，记得开初的几个讨论会，开得就不尴不尬。刚刚被"解放"的雷加，

2008年，雷加（左）与陈建功

充分展现了他的政治智慧。比如他从来不对当时的文艺路线发表意见，有时我们实在绕不过某个话题了，请教雷加，他说，你们问浩然去，他的观点肯定最正确。然而，又能听得出他这话里确实有点“刺儿”。坦率地说，因为和浩然的热情相对比，当年雷加的态度，多少还令我有几分反感呢。现在看来，这正是一个成熟的、有政治辨别力的老共产党员对自己的艺术理想的坚守啊！

8．郑士心《雷加同志二三事》

1975年8月中旬的一天，车间书记带来一位瘦高个子的老人，背微驼，长着两道浓浓的剑眉，神情格外严肃。车间主任例行公事地向大家介绍说：“这是著名作家雷加同志，到厂来参加劳动。”当时机关干部、文化名人、文艺军人到厂里来接受“再教育”是常事。大家望了望这位陌生人，就各自干活去了。

雷加同志被分配到我们小组劳动，他亲切地称我“小郑师傅”！

我们之间的距离一天天缩短着，谈话也变得轻松起来。我们的话题很广泛。每当工休时，我们便坐在台阶上或墙根下，我把自己的许多想法都告诉他，他不时地发表一点意见，话不多却给我印象很深。记得一次提到读书，他说：“读书好比游泳，要记下自己每一次的体会，也要做做记录，这样才能看出自己的收获和进步，才会有新的奋斗目标。”他告诉我，他每次游泳，都有记录。“好书，要每隔两年看一次，会有不同的感受。”听了他这番话，我暗暗地下了决心：要改正自己把好书也当成闲书看的坏毛病。

雷加同志平时显得很孤独。他寡言少语，除了我，很少跟人交谈；也不谈自己的历史，我那时甚至还不知道他是30年代到延安，在抗日战争时期就写出了不少反映敌后斗争的好作品。我敬重他，是因为他劳动时整个心意都在自己的“产品”上，而工休时除了跟我谈话外，还要拿出个小本子写点什么。我深深感到他对生活的态度是严肃的。

工厂里的生活是平静而单调的。但不久就掀起了波澜。大约是第二个月的上旬吧，《人民日报》发表社论《开展对〈水浒〉的评论》。从那个年代过来的人都知道，《人民日报》一旦发表“重要社论”，全国上下都必须“闻风而动”，“雷厉风行”，工厂也不例外。我当时没有读过《水浒》，只听说过其中一些零星的故事，却不知道要批这本书什么。可我是车间理论辅导员，要给全车间的工人作辅导。当我从宣传部带着使命回来，心里没底，就把上级的要求跟正在干活的雷加同志说，请你帮忙出个主意。听着我的叙述，他脸上顿时笼罩了一层阴云，眼光也变得忧郁起来，仿佛有许多话欲说又止。沉默了好久，他温和而冷静地说：“你一定要好好读懂这本书，到时候我一定参加你的辅导会。”

两天后，在木工小组临时布置起来的会场上，我宣讲着用报纸材料东拼西凑写成的连自己都昏昏然的稿子。雷加同志坐在最后一排，木然地听着——他的心事好像不在我的发言上。会后我们碰面时，他一句评语也没有。

我很困惑。热心助人的雷加同志，为什么对这场运动如此冷漠，而且忧心忡忡？以我当时的政治水平是找不到答案的。直到一年多以后，这场运动的内幕被揭穿的时候，我才醒悟到雷加同志是在为党和国家的命运担忧呀！

深秋，雷加同志要结束在厂的劳动了，我的心里空落落的。临别时他送给我一本小册子——《卢森堡夫妇》，并告诉我：“这是本好书，你要每年读一次。”

9．郑士心《雷加心中的画》

1975年秋季的一个星期天，我去探望老作家雷加。客厅里陈设简洁，跟那个时代的普通家庭没有两样，只是迎面的墙上高悬着一个淡黄色的镜框，里面镶嵌着一幅18寸大小的图片：背景是湛蓝的天空，中间翻滚升腾着蘑菇云团，仿佛带着低沉的轰鸣直冲天穹，从浓到淡的灰色占据了一大半——这是1964年我国第一颗原子弹爆炸成功的摄影。雷加夫人告诉我，这幅摄影作品已经悬挂11年了，她几次想更换它，可雷加不同意。

不久，周总理逝世的噩耗传来，北京城沉浸在悲哀的气氛里。我心绪烦乱，不知今后的局势将怎样变化，很想找雷老谈谈。说也凑巧，一天下班回家时天色已晚，朦胧中看到一个高大的身影站在右安门外河边雪地上，石雕似的一动不动，到近处才发现是雷老。我十分惊讶，说：“天这么冷，您在这儿干什么？”他转过身来，看见我，低声说：“我们走走吧。”我突然发现他苍老了许多，神情忧郁，仿佛有很重的心事。我连忙搀扶着他走上了回家的路。

一进他家的客厅，我就感到气氛与往常不同，迎面墙上的蘑菇云图下悬挂着一个黑色的镜框，里面安放着周总理侧身坐在沙发上的照片。雷老告诉我：“这是一个家庭的灵堂——一个心灵的灵堂。”这后一句几乎是一字一顿说出来的。我们的心情都很沉重，仿佛彼此都了解对方想说什么，而终于什么也没有说。为了打破沉默，雷加把写字台上镜框里的两张照片指给我看，告诉我：一张是周总理视察刘家峡水电站，另一张是周总理在全国文代会上——两张照片中，雷加都在总理旁。我知道，这是雷加哀悼周总理逝世的独特方式，但他不会停留在缅怀过去，他一定有更深刻的思考。

“局势会坏下去吗？”我终于忍不住问他，这其实是当时人民群众的共同忧虑。

雷加神情变得严肃起来，以坚定的口气说道：“乌云翻滚的天空也会透出一线阳光，几只鹰爪遮不住太阳。”说着，他朝墙上那幅蘑菇云图望去，略一沉吟又说了起来：“60年代初期，严重的自然灾害困扰着我们，世界上所有反华势力勾结起来，孤立我们，打击我们。结果我们成功地爆炸了原子弹！”他那个停聚在蘑菇云图上的目光中闪烁出热烈而兴奋的火花。

我的眼睛也随之一亮，原来那翻滚升腾的蘑菇云是他心中的力量、信心和胜利的象征。

10. 高桦《雷老的小事几桩》

1977年，粉碎“四人帮”后我结束了在北京印刷厂的劳动，分配到北京文化局，参加恢复北京文联的筹备组工作。组长是雷加，听招呼做具体工作的只有我一人。主要是筹备召开北京市第二届第三次文代会，大会是在工人体育馆开的，大约是1978年。于1980年又在北京党校召开了第二届第四次文代会，这两次会议都是雷加主持召开的。

筹备组除召开两次大会，还要把原驻会专业作家（当时有的在干校，有的下放劳动）全部请回北京作家协会，大部分为老一辈作家，有萧军、端木蕻良、阮章竞、草明、杨沫、江风、古立高、钱小惠等二十几位。其中老作家萧军在

雷加与高桦

1977年6月，雷加参加全国地质工作学大庆会议

1978年2月，方毅副总理会见参加全国科学大会的文化界代表并合影（一排左起：徐迟、方毅、曹禺；二排左三起：白杨、柯岩；三排左起：黄宗英、张庚、李準；四排左三为雷加 、左四为秦牧）

延安整风时定为“反革命作家”，他的平反工作也由雷加主持进行。当时北京市委给萧军平反后，定他为二级作家职称，雷老和我都不同意，多次找到市委宣传部交涉。后来市委批示：萧军同

1978年，雷加担任恢复北京文联筹备组组长，图为雷加在中国作家协会北京分会会员代表大会上讲话

1978年，雷加在北京市文联工作会议上讲话

志为“革命作家”并为一级作家职称。第二项工作是给错划右派的同志落实政策，有李清泉、王蒙、邓友梅等。这项工作雷加直接抓，市委宣传部王松声负责，我做具体工作。

1970年，雷加在天安门广场

20世纪60年代末的雷加、伊苇夫妇

20世纪70年代初的雷加、伊苇夫妇

11．马尚瑞《怎得人如天上月》

作家王愿坚生前与笔者聊天时说：“雷加从政的话，是很好的管工业的省委书记人选。”在一个人手中随便溜走的机遇，对另一个人来说也许就是终生的期盼。

粉碎“四人帮”后，年过花甲，受老作家的拥戴和北京市委领导的委托，他再次出山，担任北京市文联的秘书长、党组书记，去收拾一个文化烂摊子。

文联、作协搭建起新的架子，但如何开展工作，意见纷繁。他没有描写官场的计划，更没有想在官位上颐养天年，他第三次辞官，回到笔耕的乐园。

在一次会上，萧军说：“别看雷加个子大，胆儿小。”大家笑了，雷加表情严肃，没有申辩。他懂得，真理有个成熟期，收获早了，又涩又酸。

古人说“良马不念秣，烈士不苟营”，是对他一生最好的赠言。

12．从维熙《以雪为纸写雷加》

让我更为崇敬的是，这位历经战争烽火考验、建国后饱经政治运动磨砺的文坛老将，却仍然质朴如初——说得形象一点，他就像是一个永远笑对生活的老顽童。这是他人文性格的一面。另一面，雷加又是有情有义、率真豪爽、骨子里有着文人钙质的北国汉子。之所以这么说是有例为证的。记得，党员作家在市委党校学习期间，有一次为历史定位的会议上，雷加扮演了“当头炮”的角色。会上浩然称“文革”只是犯了个错误。而雷加第一个反驳浩然的论点说：“不仅仅是错误，应该说是一场民族劫难。”他在会上列举了诸多史实——包括许多开国和建业的功臣在“文革”中的悲惨命运，为自己的论点做证。可能是雷加和我的躯体里都有“亮实情，讲真话”的精神基因，我是第一个为雷加的真诚拍手叫好的。浩然当天虽然为此而不快，我和雷加却为此成了忘年之交。

第十一章

笔耕不辍 时代歌者

1．雷加《小短论辑》

文学创作应该创造美，必须创造美，要给社会增加美，否则，文学作品就失去了存在的价值。

1979年，雷加（左）与舒群在抚顺合影

1979年，雷加（中）、阮章竞（左）、草明（右）在全国第四次文代会上

1979年，雷加（中）、管桦（左一）、魏喜奎（左二）、杨沫（右二）、古立高（右一）参加全国第四次文代会时合影

1979年，参加长江之行的雷加（左一）、姜彬（左二）、杜宣（右四）、菡子（右三）等在“东方红”江轮上

2. 阎纯德《20世纪中国文学史上的雷加》

我结识雷加是在1977年秋，那时阴霾笼罩的乾坤刚刚露出笑脸，我因主编中国文学史上第一部作家辞典——《中国文学家辞典》而与雷加来往。为了辞典，我们不仅有多次书信往来，我去访问他，他也几次带着大相机来过我的蜗居。在他讲当年参加延安整风运动和抢救运动的情况时，我说我的岳父李都在整风运动和抢救运动中与作家黄钢囚于同室，曾遭遇过灌辣椒水和假枪毙。雷加还说，1955年，他因《五大洲的帽子》是由丁玲推荐给胡风并在其主编的《七月》上发表，加之与胡风通信而险遭厄运，还有“文革”的遭遇，也不堪回首。本来，他的这些“经历”我都简约地写进了辞典中的小传，请他过目时都被一一删掉。“过去的都让它过去吧！那是‘阶级斗争’创造的罪孽。我参加革命的动机是纯洁的，国家和人民的灵魂是光明的，未来总是美好的，我相信这一点……”当时我还年轻，他也不老，分明是父辈的他，其言谈对我来说都是永久的教诲。另外，这位祖上闯关东的大汉，他的“笑声如涛，高大威猛”，那种豪爽真诚、和蔼可亲与平易近人，给我留下的是无穷的亲切感和恒久的感动。

1980年6月，北京作家协会领导改选后合影（前排左起：雷加、阮章竞、沈从文、萧军、赵鼎新、何洛、从维熙；中排左起：李清泉、刘心武、王蒙、张志民、邓友梅；后排左四起：古立高、刘绍棠）

1980年，作家代表团访问海南岛和云南垦区（前排右起：菡子、丁宁、李纳；中排右起：吴伯萧；后排右起：秦兆阳、雷加）

3．曹谷溪《我见到的老作家雷加》

我见到的雷加同志，是一位两鬓苍白但精力旺盛的老人。他青春的活力与年龄极不相称，真可谓壮心不减当年！他从西安到延安的当天上午，没有休息片刻，便伏在写字台上整理他在飞机上的笔记。我请他休息一下，他却牛头不对马嘴地回答说：“可以，可以写一篇散文！”在我接待过的文艺界的所有客人中，他是最难“对付”的一位。他为了重温40年代延安市民的生活情况，有三次以“休息”为名，辞去司机和陪同人员，独自从凤凰饭店步行到市场沟居民中采访。还有一天下午，到吃饭时间了，我去餐厅不见他。返身到住房中去找他，却见茶几上压着一张给我的纸条：“我去纪念馆抄资料，晚饭不必等我。”这怎么行呢？那天，延安正下着雨，饭店距纪念馆足有三里路，我赶快要了一部车去接他，可是，说什么也将他拉不回来，反被他把我和司机“赶”了回去。他的吃苦精神，真有点叫人望而生畏。为找到当年文协的旧址，他冒着三十多度的炎热，两次爬上杨家岭的山坡；为了拍一张鲁艺旧址，也是汗流浃背地在前后山坡，攀上跳下好几回。

1981年，雷加访问延安时与陕北农民交谈

1981年，雷加又一次回到绥德，站在绥德街头

1981年，雷加（左一）、萧军（左二）随“北京作家团”访问地震后的唐山

1981年，雷加在江苏镇江长江三角洲“共青团农场”

1982年，雷加在胶州半岛最南端的成山头上

1982年2月，雷加赴印度德里参加“亚非短篇小说座谈会”时留影

在我与雷加同志的接触中，感到他不仅能吃苦，肯思考，善观察，而且联系群众，深入采访的功夫更深。那天，我们从桥沟山上下来，见一棵树荫下有一位老大爷和儿媳、孙女围着小石桌砸杏仁。雷加同志操着一口地道的陕北口音说：“噢，拜识！咋做甚哩？”那位大爷见有客来，一边让座，一边撩起衽襟，擦了一下烟锅嘴，便双手把旱烟锅子给他递了过来。看见雷加同志与那位扛过半辈子长工的老汉促膝拉家常的亲热情景，有谁相信他俩是第一次见面呢？雷加同志与群众见面，都是一见如故。在延安，他先后找市民、小商贩、卖烧鸡的、推小磨的、商会会长等各阶层人物开过三个座谈会，只要几分钟时间，他们便能敞怀交谈。难怪那位土地革命时期的女宣传员夸他还像当年的“老延安”！

4. 雷加《延安文艺丛书·散文卷·前言》

革命的文艺工作者，既是民族解放的战士，又是握笔凝思的艺术家。他们或叙述自己的战斗经历，或抒发革命激情，都顺理成章，情如泉涌。作品里不仅有着火一样的情感，充满着必胜的信心，而且闪耀着人民智慧的光芒。读着这些作品，仿佛置身于当年的宝塔山下、黄河之滨，如围坐在开荒的篝火旁，高唱着“黄河在咆哮”、“我们战斗在太行山上”……生活在沸腾，人民在战斗，都在为挽救民族的危亡和人类的解放燃烧起生命的火把。我们如同在“爆炸的土地”上看到象征胜利的“红灯”。经过劳动和战斗，人们终于赢来了“秋收的一天”，在“生产插曲”中，各自谈论自己的“信仰”，述说着自己“愉快的心情”。读着一篇篇文章，似听到战斗在各个岗位上战士的心音，如闻一首首动听的歌曲；眼前，如同亮起一只只火把，令人振奋，去迎接光明。

1983年秋，作家们探望白朗时合影（前排右起：逯斐、白朗、丁玲、韦荧、陈明；中排右起：罗锋、崔璇、曾克、白莹；后排右起：雷加、金肇野、严辰）

雷加（左）与丁玲（中）、陈明（右）

1984年，《中国》创始人员在丁玲寓所合影（前排左起：雷加、曾克、丁玲、舒群、牛汉；后排左起：王增如、冯夏熊、王中忱、刘绍棠、朱正、陈明）

5．高长印《雷加的文学观念和文学实践》

生活是创作的源泉，只有深入生活才谈得上创作，这是雷加文学观念的核心，文学实践的准则。“生活是创作的源泉”，作为一个唯物主义的命题，也为其他很多作家所接受。不过，雷加还给这个命题赋予了自己的理解、自己的特色。首先，他更强调生活先于创作，是第一位的；从这个意义上，他认为“生活高于一切”。其次，我认为他说的生活，有特定的含义，即不是泛指，不是“到处有生活”的“生活”，而是特指，指人民群众的生活，主要是他们进行阶级斗争、生产建设、科学实验的活动及其精神世界。

雷加的文学观念和文学实践，是把人民生活视为创作的源泉，把客观存在的人民生活作为自己作品的内容，把表现人民生活作为创作的目的，把充分地反映人民生活当成作品成功的标志。

1984年4月，雷加与老朋友一起游香山（前排左起：舒群、曾克；二排：陈明；后排左起：雷加、伊苇、逯斐、柯岗、丁玲、草明）

6. 张春宁《大时代交响乐中的嘹亮短笛》

粉碎“四人帮”后，他已年逾花甲，但壮心不已，从1977年至1985年他横贯东西南北，其重要者有河南、山西、黄河沿岸之行；四访唐山；远涉海南岛、西双版纳、东北三江平原及长白山之巅。访问上海与共青团农场，重访延安、榆林等地。汉中、内蒙古和胶东半岛渔区、北疆大兴安岭也留下了他的足迹。上述各地有的往往使人望而却步，或者鲜为人知，他却专去描绘那些被人忽略的无名英雄。如勘探尖兵，治沙群众，守岛战士。正像他自己说的：“生活并不是平凡的，他像海洋一样深湛。关键是要真正投身到生活的海洋中去，认识它，体验它，挖掘它。”他就是这样一位始终潜泳在海洋深处的辛勤的勘测者。

雷加在纪念丁玲的展览会上

1984年6月，雷加等参加中国文联组织的珠江三角洲之行（左起：袁鹰、陈冰夷、艾芜、陈明仙、雷加、菡子、李清泉）

7．马尚瑞《散文在歌唱生活》

雷加是以散文歌唱生活的作家之一。在他从事了四十五年的文学创作活动中，除了进行长篇、短篇小说的创作外，他还创作了大量的散文，这些散文，既有以抗日战争为题材的壮歌，也有以社会主义建设为主要内容的吟唱。粉碎“四人帮”后被禁锢了十年之久的文坛重获生机，雷加亦获得解放，他以散文为主要形式歌唱人民新的生活。他像年轻人那样充满了对生活的热爱，每年用几个月的时间到祖国各地补充生活，将题材新颖、内容感人的素材提炼成一篇篇优美散文奉献给广大读者。读者从他的作品

1985年7月，雷加在内蒙古成吉思汗陵前

1985年10月，雷加（左二）、解玺璋（右二）等在大西北导弹发射基地

里得到的，不仅是随着他的足迹在祖国大地上遨游，为之大开眼界，使人心旷神怡；而且，作品还陶冶着人们的性情，增强着对建设美好未来的信心，使人们得到美的享受。他的散文受到了读者的欢迎，同时也愈来愈多地受到研究者的注意。

对雷加散文的艺术特色，有的评论者说，他有一双敏锐的眼睛，能抓住生活中正在萌芽中的美好事物；有的评论者说，他是画师，善于剪裁生活的画面，所以使文章具有诗情画意。当然，这些见解都是有道理的。他更像一名采掘工。多年来，他走遍大江南北，到处寻找矿苗，然后把经过辛勤劳动采来的矿石磨制成瑰丽的艺术品，爱不释手、小心翼翼而又谦逊地摆在文坛的一角。

8．卢新华《雷加的创作意识与散文道路》

雷加是一位随着中国革命和社会主义建设的发展而成长起来的无产阶级革命文学家。他的人生历程、创作道路和众多作品为我们展现了中国革命真实而又生动的历史。

在医院里的雷加夫妇和卢新华夫妇（左起：伊苇、雷加、李理、卢新华）

雷加（左一）与马烽夫妇

尽管“文革”十年推迟了雷加的散文特写创作朝更高审美层次的迈进，但沉默过后，那些久久积存在他心灵深处的创作主题和创作热情喷发而出，使他从1976年到1988年，仅12年间，就创作出90篇作品，而散文特写约占94%，小说占6%。这些作品占雷加五十年来创作作品总数的43%以上，形成了前所未有的创作高峰。

9. 吴继路《跋涉者的证词》

在本世纪民族命运大轮转中，他尊奉时代之命令，跋涉了二十年，四十年，至今他已是八十高龄的老人，体貌性情，仍是一位不歇的跋涉者。

读雷加散文给我的最深感受，是他马拉松式的，自觉的人生长途跋涉；他历览的地域辽阔，可谓纵横驰骋：从大兴安岭白山黑水，到西南横断山脉的巍峨雪峰；从西北高原沙丘大漠，到东海、南海大小岛屿。在东经北纬大片国土穿梭，成为他的创作命运，这当然也取决于他的目标选择。他的散文并不是普通的游记随笔，祖国各处瑰丽奇绝的山河风光固然令人眷恋，然而吸引他的脚

1987年7月，雷加在胶东半岛上的高山岛与陪同人员席地午餐

1987年10月，雷加回原籍山东广饶时与农民交谈

步与心思的是人：战争时期，是“流血奋斗”的人；建设和改革时代，是那些坚持在各个社会岗位上劳动、思虑、克服诸般艰难困苦，为多娇江山默默奉献的人。水利工地上的“大禹的队伍”，地质勘探队、科学考察队队员，高山气象站寂寞的值班人，林区的司机，荒凉多险的小岛上的海防战士……他笔墨心胸所钟情的一直是这些人。他跋涉过多少地方呢？说他“踏遍青山人未老”不算矜

1986年3月，瑞士籍华人女作家赵淑侠访华时与东北籍作家合影（右起：雷加、端木蕻良、骆宾基、赵淑侠、萧军、延泽民）

1986年6月，雷加在长沙“丁玲学术研究会”上发言

夸。他的探访与关注的重点，显然更侧重环境瘠薄的穷山恶水，这也是由于他恰恰在无水的旱塬，无树无草的戈壁，缺粮少菜的荒岛这些地方，发现了许多为改变“穷”与“恶”而拼命奋斗的人，从他们的身上，从他们的事迹、经历中发现了美，发现了诗。他创作散文的目标宗旨，正是为了使这些人尽速尽广地闻达于世。他追寻采访的对象，年轻时自有较多同龄人；但读他的散文会发现，

待他本人渐渐成为老者的时候，他笔下的人物却频频涌现新一代年轻人，他的晚辈。这个“忘年”境界的文学因缘不是很令人感动、令人佩服吗？身体力行，惨淡经营，以生命的真体验真性情凝结为文字，立意要为“中国的脊梁”的劳动做证词……老年作家认定和实践的创作道路与方法，与同胞呼吸与共、命脉相关的宗旨，他是不彷徨也不改变的。

10．杨聪凤《雷加作品研究六篇论文前言》

我参加了重庆出版社组织的国家八五重点图书《解放区文学书系·报告文学卷》(黄钢主编)的选编工作，而小说卷的主编就是雷加，于是我有幸在编委会上见到了雷加，并不止一次听他发言，这才真正开始了对他的认识。乍一见面，我毫无见了古稀老人之感，只觉得他是一位高大壮实、声音洪亮、待人亲切的谦谦长者。讨论会上，他常常是先静静听别人发言，认真地做笔记，不打断别人的发言，甚至不大插话，但他一开了口，你就明显感到他是有备而来，有理有据，一套一套，理论鲜活、功底十分厚实。我没见他跟人面红耳赤地争论过，但言辞之间，原则性和坚定性是显而易见的。我私下对李文瑞说：“这

雷加夫妇和杨聪凤(左一)

1988年，雷加等参加全国第五次文代会时合影（左起：西戎、康濯、雷加、胡正、马烽）

1988年，雷加（中）、绿原（左）、牛汉（右）参加全国第五次文代会时合影

是一位棉里藏针的角色，谁要想在和他的辩论中击败他，绝非易事。”他似乎颇有将军风度，喜欢让人在毫无戒备的情况下接受他的观点。于是，我深深地感到，这是一位很有学问的，蕴含很丰富、厚实的作家。

雷加的确给我留下了很好很好的印象，是我自己感受到的真切的印象。及至我读了一些资料，对雷加的出身、经历、创作历程、

雷加采访农家（之一）

雷加采访农家（之二）

雷加采访农家（之三）

雷加采访农家（之四）

1991年5月，雷加在鞍钢

雷加和炼钢工人们合影

文学思想和艺术成就有了一个大致的了解后，我更是对雷加有了一种由衷的敬佩，深感他是一位很不一般的作家：他经历丰富、学识广博，却从不张扬，始终以平常人的心态，脚踏实地地继续他的新征程；他一辈子深入生活却并不沉溺于生活，而是高屋建瓴地审视生活，挖掘生活中的美；他不仅能驾驭各种文体，而且在理论上有很高的造诣。遗憾的是，理论界对他的研究显然是很不够的。

11. 王增如《丁玲办〈中国〉》

丁玲曾说过，雷加要是不当作家，是能当部长的。可见她对雷加的器重。

雷加天性好动。他不是安安稳稳坐在书斋里的作家，他真是喜爱生活。即便在70岁的年龄段，还是满怀热情到处去看祖国建设的新成就，所以丁玲最初找他来办《中国》时，他曾犹豫。

1984年7月29日下午，雷加到协和医院探视丁玲，丁玲提出一起来创办一份文学刊物。雷加说还要考虑考虑。第二天上午雷加给陈明打电话，讲了一些顾虑。8月2日上午，舒群、雷加、曾克来丁玲家讨论准备提交作协党组的办刊

1989年1月，雷加在草明（中）家中合影

雷加（中）与杨沫（右）、端木蕻良（左）

报告，这时雷加仍然没有下定决心。3日上午，雷加给丁玲打来电话，终于“同意坐镇刊物一年”。

1984年5月厦门大学举办丁玲创作研讨会，雷加不能到会，写了一封信说：“丁玲同志是当代文坛上我所敬爱的人。她的著作和她的文艺思想影响着和教育着我们这一代人。这不是一个理论家容易做到的，也不是另外一些作家所能做到的，只有她才能做到这一点。”

雷加尊重丁玲，也和舒群等人有着良好友谊，这是他终于加入《中国》的主要原因。

雷加是个充满热情的人，一旦答应下来十分投入。刊物筹办阶段，他骑着自行车到处组稿谈稿，有时忙到很晚。他为人正派，办事公道，在《中国》有很好的口碑，后来当丁玲与刘、舒之间出现严重危机时，他又是重要的协调人。但是对于《中国》内部的一些问题，他也与舒群、刘绍棠深有同感，所以从1985年春天起，经常出现一种比较超脱的消极态度，不愿意更多介入《中国》的事情。

12．马尚瑞《谈雷加精神》

在雷加同志身上和他的作品中，确有一种感人的精神。我想把这种精神就称之为雷加精神。什么是雷加精神？

一是爱国主义精神。

爱国主义是雷加本人和作品的基本精神。它充满了伟大崇高无私的爱。无论这种爱处于怎样的幼稚阶段，都是令人感动的。

在雷加的幼年阶段，日本的伐木公司和货船，已成了这里的主人。难怪雷加同志说，抗日战争早就在他的心里开始了。在“五四”新文化运动的影响下，他少年时代就萌发了反帝爱国思想。所以，当他上了一年商业学校后，便报考了设在沈阳的冯庸大学预科。据说，这所大学有架可以起飞的飞机，还有武器。在这里可以培养成为飞行员，起码可以搞工业救国。雷加被录取后，看到这所学校果然名不虚传。当然，他不了解冯庸办大学的目的，但他确实是为

1991年4月，雷加在河北寻访抗战时曾经到过的地方，途中在路边野炊

1991年5月，雷加等参加草明文学创作60周年研讨会（左二为雷加，左三为曾克，右一为草明）

1991年5月，雷加等在罗丹家中（左起：草明、魏巍、曾克、罗丹、雷加）

爱国而来，并在这里努力学习与锻炼，准备以身许国。可是好景不长，发生了“九一八”事变，日本兵开车来占领了学校，抢走了武器，押走了校长，捣毁了学校。这样，他和学校师生仓皇逃到关内，救国之梦破灭。他成了一名失去故乡的东北流亡学生。从此，“我的家在东北松花江上”与他朝夕相伴，《鸭绿江上》这篇长篇散文，就表现着这种强烈的爱国主义精神。

二是牺牲精神。

为民族、为国家、为正义与理想的牺牲精神是崇高的、可贵的精神。雷加同志在北平处于爱国无路之时，党领导的“一二·九”爱国运动发生了。他不仅成为运动的积极参加者，而且成为前门卧轨，要求南下的一名富于牺牲精神的战士之一。他们的大无畏的爱国行动胜利了。在南京，蒋介石被迫接见并答应抗日。雷加和冯大同学出于爱国热情来到了上海附近浏河口海防前线修筑工事，准备以血御敌。但当日本飞机袭来时，却不见国民党一兵一卒，此时方知上当。几经辗转，他来到延安，经周扬介绍进入抗大学习，并成为党组织的一员。

雷加同志的牺牲精神，不仅表现在爱国行动上，而且表现在他追求伟大理想与事业中敢于牺牲个人利益。在延安，早在《讲话》之前，他为了深入生活，

1995年11月，雷加（左四）等在威海参加“人与大自然——环境文学研讨会”

1995年11月，雷加（中）、从维熙（左）、章仲锷（右）在威海参加“人与大自然——环境文学研讨会”时合影

写出有价值的作品，辞去了延安文协秘书长之职，甘当一名普通劳动者。在乡下，他当过乡文书、村支部书记，直到抗日战争胜利。解放后，他又谢绝原轻工业部部长黄炎培先生的挽留及可晋升高级领导职务的示意，又毅然当了一名普通劳动者，他要写出《潜力》三部曲。50年代后期，他写作告一段落，又要求带职工作，他甘愿将自己工资降低一级担任轻工业部办公厅副主任。这种自动降职的待遇一直持续到现在。在60年代，他将自己所得稿费一万多元都交了党费，没有给他众多子女留下什么财产。雷加的一生是追求进步的一生，追求事业的一生，为了崇高目标，甘愿牺牲本属于他“个人的”东西。

三是奉献精神。

雷加同志是追求奉献精神的作家。他向人民奉献而不宣扬自己。他在担任安东造纸总厂厂长五年中，一直担任主要领导，站在第一线组织恢复生产。蒋介石打内战进军东北，安东造纸厂撤退千里之外，人员、机器、家属安置等庞杂的工作他都要亲临第一线处理。在恢复生产时，他亲自指挥，与广大工人一起仅用24天就修复了一座7层楼高的木釜车间。这一工程用了1800袋水泥和55万块砖。工厂仅仅给工人、家属群众提供了充饥的粥和一些烟纸。几年时间里，他骑着摩托或亲自开着吉普车来往于总厂和分厂之间。他没有把自己当成一个作家，而是为新中国的用纸问题忙碌着。为了表彰他的功绩，东北人民政府授予他东北“模范厂长”的称号。对这一切他却从未向人讲过。我与他相处多年也不知此事，还是在一次会上草明同志讲出来的。讲奉献精神的人从不宣扬自己，而注意或有意塑造自己高大形象的人，其结果总与愿望相反。

1995年11月，雷加（右）与中国台湾作家陈映真（左）

1999年，雷加（左）与徐光耀夫妇

13．白长青《漫谈雷加的创作道路》

雷加的创作生涯，横跨中国现代、当代两大文学范畴，又属于中国现代历史的、文学的，以及文学研究的不同领域的“交叉型”的特征，因此对他的创作的总体把握，具有一定的难度。要想更好地描述他半个世纪来的创作历程，我想还应该从那一代具有相似经历的老作家的共同的、更深层的文化心理结构中去寻找他的位置、他的创作特征。从雷加的创作中，我们不只看到了东北的历史，以及在这历史中沉淀的东北文化土层对他的无形的影响，我们还看到了那个时代的面貌。它是由历史、文化、民族、地域的诸多背景的汇成。它们构成了一个大的时代的背景系统。

在这个时代背景的大系统中，我们至少可以从五个方面分别看到雷加的影子。首先，是“抗战作家”的性质。雷加属于中国30年代的抗战作家的范畴，他的创作，正是在抗战的时代起步的。其次，是“解放区作家”的性质。雷加先后在华北解放区、陕甘宁边区、东北解放区生活、战斗，留下了可观的创作业绩。他的许多作品，属于中国解放区文学的研究范围。此外，他还属于30年代出现的“东北作家群”的范畴，他的创作具有这个作家群体所具备的基本特征。另外，顺着一种历史回溯的目光，我们还可以把他归纳入30年代的左翼作家行列。在今天，他们具有集老干部、老战士、老作家于一身的特点。最后一点，雷加又是具有鲜明当代意识的，在改革开放大潮中创作相当活跃的作家之一。从这五个不同的侧面，我们都可以看到雷加的作品，认识各具特色的雷加。从五个不同角度的综合概括，呈现的才是一个完整的、全面的、为人们所熟悉的雷加。

2003年，雷加（右一）、解振华（左一）、高桦（右二）等参加首届全国环境文学优秀作品颁奖大会时合影

2004年12月，雷加（右）参加艾思奇出版座谈会时与艾思奇的夫人王丹合影

2007年9月，雷加参加北京作协举办的文学节颁奖典礼

著名版画家聂昌硕为雷加的短篇小说《五月雨》创作的插图

著名版画家聂昌硕为雷加的短篇小说《灵车西行》创作的插图（左）

著名版画家聂昌硕为雷加的短篇小说《黄河在咆哮》创作的插图（右）

14．阎纯德《20世纪中国文学史上的雷加》

我们从他数百万字的作品中，可以探知一位执着于文学的作家的光明灵魂。他对国家和民族的大爱，对人民的深情，都淋漓尽致地展示在笔下。从20世纪30年代起，作为一位有责任感的作家，作为一个勤劳而正直的作家，对于文学之外的什么，他没有祈求，也没有谄媚，他只是凭着作家的良心，不忘记那个血与火的年代，讴歌那些为尊严、解放、自由而战的人们，礼赞那些为国家的建设、进步和繁荣而流血流汗的人们。如果说文学“有”政治，其政治必然是国家、民族的最高利益；但他从没有用政治图解作家视野里的生活，将文学庸俗化。他从鸭绿江畔起步，长城内外，大江南北，跋涉一生，国家一变再变，生活一变再变，思想一变再变，而他，不变的是虔诚，是勤劳，是追求，是对国

1977年春天，雷加全家合影

1988年，雷加与伊苇

家的祈望，是对民众的关爱。

时代造就人，人可以跨越时代。雷加的生命跨越两个世纪，有人说他的一生"起码有三分之一时光耗费于风尘仆仆的走南闯北中"。没有生活的人很难成为一个优秀的作家。"一个真正的

20世纪80年代，雷加与伊苇在南方

20世纪80年代的雷加与伊苇

1990年1月，家人为雷加75岁生日祝寿

1995年，雷加与家人合影

20世纪90年代的雷加与伊苇

作家，不仅要读万卷书，还应走万里路。否则，是写不出好作品的。”雷加是这样对待一个作家的成长的。

在人类文化史上，不论古今中外，作家这个“职业”应该是神圣的。所以神圣，就在于作家以“言”立身，以“言”育人，以“言”传世！

20世纪90年代，雷加与伊苇的最后合影

在20世纪中国文学史上，雷加有“亮实情，讲真话”的精神基因。“他的人文性格是个有情有义、率真豪爽、骨子里有着文人钙质的北国汉子。”（注：从维熙《以雪为纸写雷加》）这个时代是一部辉煌的历史，这个时代的精神没有消失，因为雷加及其作品还在……

第十二章

晚霞如画

一、雷加文学创作学术研讨会

1. 李青《综述：雷加文学创作学术研讨会在丹东举行》

1990年5月，在山青水碧的边陲城市丹东，北京作协、北京文艺学会、丹东市文联联合为老作家雷加同志举行了“雷加文学创作学术研讨会”。

丹东是雷加的故乡，也是他为创建新中国造纸工业立下汗马功劳的地方，

1990年5月，辽宁丹东举行“雷加文学创作学术研讨会”，与会者合影（前排左二为赵大年，左四起：谢荒田、雷加、刘仲文、宋汎、马尚瑞）

雷加（右一）在“雷加文学创作学术研讨会”上发言

雷加在“雷加文学创作学术研讨会”上发言

与会者在“雷加文学创作学术研讨会”上（左二为马尚瑞，左三为雷加）

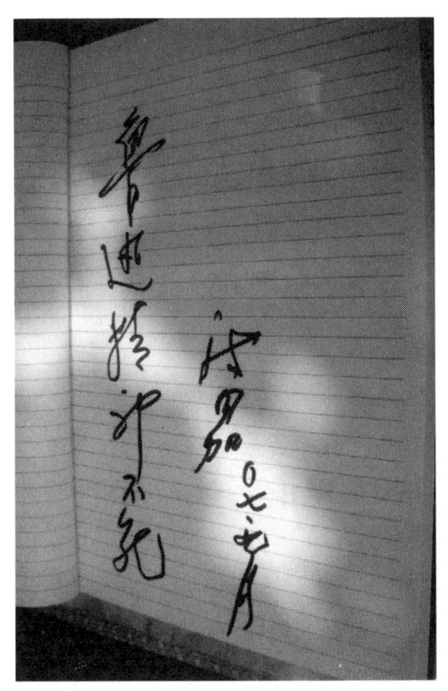

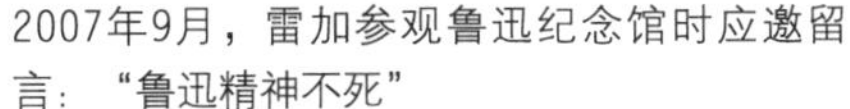
2007年9月，雷加参观鲁迅纪念馆时应邀留言：“鲁迅精神不死”

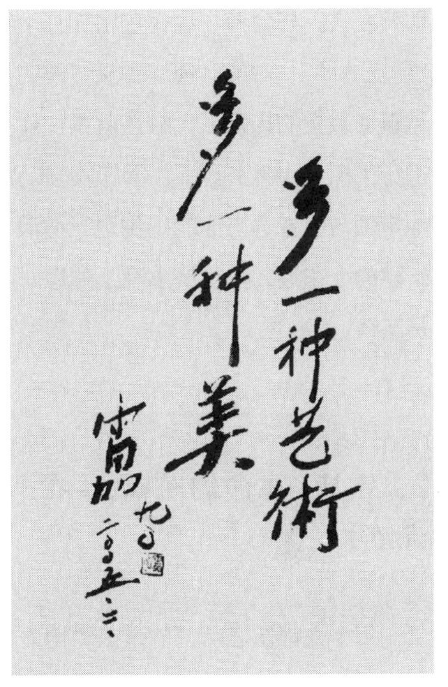

雷加手迹：“多一种艺术，多一种美”（写于2005年2月，90周岁）

对那里的山川草木风土人物厂房机器，他都怀有浓厚而深沉的爱恋，而很多丹东人对他也有一种特殊感情。丹东造纸厂和鸭绿江造纸厂对这次研讨会给予了大力协助，积极提供经济上的支持。会议开幕式上，曾与雷加并肩战斗过的老战友、辽宁省人大副主任谢荒田同志、丹东市政协主席刘仲文同志、丹东市副市长张中同志专程赶来祝贺，并激动地回忆了当年的艰苦环境和上下同心忘我工作的情景，对雷加这位第一任造纸厂厂长给予了高度评价。丹东造纸厂和鸭绿江造纸厂两位现任厂长也在会上作了热情洋溢的发言，希望雷老继续为造纸业的发展振笔疾书，呐喊助威。

开幕式由丹东市文联主席顾元植主持。在开幕式上讲话的还有北京市文联党组书记宋汎、辽宁省文联副主席牟心海、北京文艺学会秘书长马尚瑞、辽宁省社会科学院文学研究所副所长白长青等。

研讨会在热烈的气氛中进行了两天，其间有12人宣读专题论文，5人做了即席发言。与会者一致肯定雷加几十年来的创作道路和创作追求，赞扬雷加对“延安精神”、对革命现实主义传统的执着，对生活，对大自然，对普通劳动者和普通战士的热爱。大家还就雷加作品的风格、特色、表现手法，从不同角度进行了探讨。会上会下，雷加同志以75岁高龄，从始至终精神饱满，兴致勃勃地带领与会者寻访他的出生地三道浪头，陪同大家参观造纸厂、鸭绿江大桥及新建的大东港，并且挤出晚上休息时间与当年在造纸厂工作的老工人老技术人员座谈。

2. 雷加《生命的跳跃》（在“雷加文学创作学术研讨会”上的讲话）

每个人都留恋自己的过去，因为每个人都有自己的童年，都有可爱的故乡和回忆。

但是每个人又都走向未来，走向自己向往的地方。那是因为每个人头上都有一只风帆，风帆上写着自己的未来和希望。它要迎风驶去，驶向那幸福的彼岸。

我留恋我的故乡，同时，我又由过去走向未来。

那时，我是坐在滑槽的舢板上，从三道浪头来到沙河子的。鸭绿江水从舢板两旁流过。冬天，我又坐着爬犁，那些冰块也在发着绿莹莹的光。后来我到沈阳读书，不早不晚我正好搭上那一趟“九一八”驶向关内的“特别列车”。从此，我踏着历史的车轮，奔走在祖国的大地上。从此，我肩负着祖国赋予的神圣使命，我是为了她的召唤才离开故乡的。

从此抗日战争开始了。但是，我要在这里向家乡父老们说：抗日战争不只是从“七七”事变开始的。不，我要说很早以前，就从我们心目中开始了。有谁记得抵制仇货的二道桥子呢？有谁记得挂着太阳旗的日租界和南满车站吗？应该说，抗日战争从那个时代，从我的童年就开始了。八年的抗日战争，它在中国共产党领导下，终于战胜了无数的艰难，带来了祖国的新生。

神圣的抗日战争走完了自己的历程，我也随着“打到鸭绿江边”这个胜利的

“雷加文学创作学术研讨会”期间，雷加回到造纸厂与工人们交谈

“雷加文学创作学术研讨会”期间，雷加来到家乡的小学校

口号，回到故乡来了。

让我再一次重温当时的情景吧。

当时，曙光在望，黎明尚未到来。那时候，我从解放区回到家乡，和造纸厂的工人走在一起了。当时的工人热爱共产党，团结在共产党周围日夜奋战，为了复工，为了生产，也是为了支援解放战争。开工不久，由于战略转移的需要，工厂撤退了。这是一次工人群众和造纸机器一起有计划、有步骤的大撤退。撤退为了生存，也是为了胜利和光复。果然，7个月之后，全体工人又从长白山区回到丹东来了。这就是历史上所说的第二次光复。这一段曲折的斗争经过，可以概括为下面几个字：接收，复工；生产，撤退；第二次光复，又复工，又生

产。在这些铿锵有声的单词里，充满了工人的钢铁意志和血肉斗争。

今天可以这样说：丹东市的造纸工业，它有自己的赞歌。它为自己创造出一种光荣传统。它有自己生命的起点，它经历过战火的洗礼锻炼成长起来了。

在这里也可以进一步说：丹东市造纸工业的经历，它的斗争不息的成长过程，又是新中国经济建设的前奏和缩影。而我，感到最荣幸的是我用我生命中最富丽的年华，回到家乡，同工友们一起战斗着，接受了最严酷的考验。

现在我站在这里说，我是一个远离家乡的游子，但我又是丹东造纸厂的第一任厂长。

如果生命可以跳跃的话，那么我说，这是我生命的制高点。同时我又要说，这也是我创作生活的关键。从此，我才可以说我的创作道路有了真正的现实主义的基础。

现在，又是半个世纪过去了。我为着现实主义的创作，快要走完了它的全程。现在，我带着我的全部实践再一次回到故乡来了，又是我应该接受检验的时候了。

我衷心感谢家乡人民，同时，我又由衷地在这个讲坛上接受对我的检验。用现实主义和为人民服务的准星，来瞄准它，批判它。这一切，都是我应该接受的，使我自己知道做了一些什么，又有多少失误。这一切，都是对我的奖赏和鞭策。因为这里净是同志之间温馨的语言，也是家乡飘着奶香的语言。

最后，我再说一遍：我的一生与抗日战争紧紧相连，在我最富丽的年华我回到家乡为祖国而战，现在，我又为检验自己回到家乡来了。

这也是我最后要说的：每一个人，不论什么时候，当他战斗着，或者当他检验自己一生时，他都要常常情不自禁地频频回首望着自己的家乡。

3. 菡子致雷加的信

知道丹东与北京文联联合召开“雷加文学创作学术研讨会”，高兴极了。这是文坛的一个转机。正如前几天召开的研究康濯创作的研究会。

对你的创作，特别是写出了一篇篇《火烧林》般的清新深刻之作的创作道路，曾经为我悉心注意并从中取得启示。我能写的全写了（指介绍《火烧林》以及在《人民日报》上发表的书简），要我专门写一篇可以在会上朗读的文章，我何尝不想？路途太远，忙和病又是一个事实，请你原谅我吧！我不能亲自参加。向你祝贺。

4．张丽妩《记忆中的雷加》

雷加作品研讨会是在雷老工作过的安东造纸厂开的，很是别开生面。在那次会议上，我不仅参与了雷老作品的讨论，而且近距离地看到了雷老本人。他不是个作家，也不是老革命，而是一位可敬可亲的老同志、老朋友。在他身边，你可以无拘无束，谈笑自如。我应属于他的孩子辈，因此也就更加放得开。我的一个简短的发言，竟然得到雷老和雷老夫人——伊苇同志的肯定。从此，我也就不把自己当外人，而是一厢情愿地把自己当成了雷老的学生和朋友。

5．李青《性情雷加》

1990年5月末，北京作协和北京文艺学会、丹东市文联联合组织了“雷加文学创作学术研讨会”，在雷加故乡鸭绿江边的清俊小城丹东，住地是他担任第一任厂长的原安东造纸厂新建的招待所。两天开会一天参观，作协的头儿和兵，五个人倾巢出动都去了，还邀了宋汎和作家赵大年，坐着火车浩浩荡荡的一伙儿。

那几日，是雷老的“嘉年华”。看见熟悉的厂房，巨大的轰响得震耳欲聋的机器，厂院里堆放的造纸材料——木头苇子稻草，好像还有残破的麻袋片。他兴奋，一样样地介绍，和40年前做对比，感叹，眼睛灼灼地发亮。天一阵阵下着雨，他常常忘记举起手里拿的伞。1945年11月，他从延安抵达东北后不久，来到这个造纸厂，为未来共和国的造纸工业奠基。五年的“接收、复工、生产、撤退，第二次光复、又复工、又生产”（引自雷加《生命的跳跃》），艰苦创业的经历让他刻骨铭心。胡风曾于1949年6月写下一篇《在工业战线上》，描述了他在安东造纸厂的亲见亲闻，他所看到的模范厂长雷加的工作状态，生动传神，文笔颇为活泼。猜想，这是胡风受到“火热生活”感染以后呈现的真实和真情。

研讨会期间，雷老再次回访他出生的地方，丹东城郊名叫“三道浪头”的小镇子，他在《童年》一文中以诗一般的语言抒写过的那个小小的水陆码头，1915年春天他的降生地。会后，他又带着我们去看著名的鸭绿江大桥，大桥946.2米长，上行铁路下行公路，连接着中国和北朝鲜，桥身上仍留着不少50年代初期朝鲜战争的遗痕，桥下深碧色的鸭绿江水平缓地流淌，江心不时有船驶过。还有建设中的大东港，城北面的锦江山公园——旧时东北八景之首，丹东的好地方，他一一给我们指点，75岁的他始终精神健旺，大步走着，笑着，嗓音高亢，沉醉着，在故乡的山山水水中间。

雷加14岁离别家乡，16岁离开东北流亡内地，开始融入中国抗日与革命的潮流，也开始踏上文学创作之途。此后他所经历的种种，在沈阳师范学院教授康平所写的《雷加小传》中有比较详尽的记载。我觉得，雷老他们那一代的作家，是革命至上的，当“革命”发出召唤时，他们会义无反顾地投入，革命需要他们是战士他们就是战士，革命需要他们是作家他们就拿起笔，革命需要纸就去学习造纸，革命需要颂歌就努力成为坚定的歌者，以革命的名义，他们可以忘我。

二、辽宁籍著名作家资料馆

1. 雷加日记（1996年3月16日）

辽宁“省图”寄来函件，其中有（1996年2月6日）辽宁省文化厅文件一份，标题是“关于建立辽宁籍30年代著名作家资料馆的决定”，文件中说：

辽宁籍30年代著名作家马加、白朗、罗烽、端木蕻良、萧军、雷加、蔡天心等(按姓氏笔画排列)是中国现代文学史上有名的东北作家群中的主要人物。他们早年追求进步，宣传革命，以极大的爱国热忱创作出大量的抗战题材的文学作品，对宣传群众，组织群众，团结群众，唤醒民众投身革命斗争起到了积极作用，影响颇深。他们和他们的作品在中国现代文学史上占有重要位置，深受群众爱戴，是国家的宝贵财富。

1996年12月，雷加(右)、马加(左)在辽宁省图书馆参加“辽宁籍30年代著名作家资料馆”开幕式

近年来，在马加先生的积极倡议下，这些作家出于对祖国，对人民的深情厚爱，相继决定将他们的作品及作品的外文译本，作品手稿，采访日记，各时期的珍贵照片，来往书信，书画纪念册，录像片及其他有关文献资料赠给辽宁省图书馆收藏。这一壮举，对于保存祖国遗产，弘扬爱国主义精神，起到了积极的导向及推动作用，功在当代，利在千秋。为此，省文化厅决定建立辽宁籍30年代著名作家资料馆，有关事宜如下：

雷加出席“辽宁籍30年代著名作家资料馆”开幕式(之一)

一、由省图负责筹建，馆址在“省图”新馆二楼……

二、拨款15万元为开办经费 ……

雷加出席“辽宁籍30年代著名作家资料馆”开幕式(之二)

雷加参观“辽宁籍30年代著名作家资料馆”

“辽宁籍30年代著名作家资料馆”一角

三、举行发布会和开馆仪式……

四、长期性工作，本着边开馆，边征集，边建设的原则……

2. 雷加日记（6月21日）

辽宁省图书馆李德戈电话，说展品集装箱已经到了，可能10月份试展，并邀我展前先去出出主意。

3. 雷加日记（8月8日）

辽宁省图书馆李德戈电告：一、布展工作积极进行中，照片在放大，展框在制作。二、展板一米二一块。三、另设数据库，包括当代辽宁籍作品创作目录。四、向我索要“研究专集”以后的创作目录。

4. 雷加日记（12月24日—25日）

24日早七时到沈阳南站。上午休息，下午先去展馆，为了可以仔细审视。但拍照的结果并不圆满，我只照了展板的照片，未照展柜。同时未能细读照片下面的文字。我决定不在会上致辞。25日早八时半，“七人展”举行开幕式，省领导出席，由马加致辞。到会百余人。下午，有人参观沈阳故宫，有人探亲访友。我先去马加家，又去拜访谢挺宇。他楼下住着思基，他已半瘫痪，正在吃午饭，二孙子陪他，桌上只两碟青菜和一碗肉汤。挺宇调侃说：“你看，我们的作家吃什么？”

雷加（左）与马加

1996年12月26日，雷加去谢挺宇家中拜访

5. 雷加日记（12月27日）

早七时回京。五个胶卷冲出，虽不理想，但排列起来，也够得上一个小小的画廊了。

三、《半月随笔二集》获鲁迅文学奖

1. 孟伟哉致雷加女儿的一封信

我大约在20世纪90年代的一些活动中才多次见到他。他讲话总是声音洪亮，脸上总是开朗的笑容，让我感到，他心胸豁达，十分乐观。这大概与他长期生活于工农大众中有关系，没有架子，平易近人。

大概1993年或1994年间一次见面时，他问我：有一本书想出版，有没有办法？当时，中国文联正在筹划一个“晚霞工程”，也就是为文艺界一些老同志出书困难给一些支持和帮助。在此以前，我们之间几乎没有直接交谈过。但既然是这样一位老作家提出了这样一件事，我不能不认真对待。在内部具体安排时，他的一本书被列入计划，这就是随后问世的《半月随笔二集》。这本书出来他很高兴，还签名赠我一册。

老作家们在中国文联“晚霞工程”新闻发布会暨向老文艺家赠书仪式上（左四为雷加）

雷加同志视丁玲同志为前辈，我视雷加同志为前辈。文学人，文学事业，就这样一辈一辈交替前行。雷加同志以及和他同辈的一批作家（或称解放区作家），真诚地践行毛泽东同志的文艺思想，在风雷激荡的战争年月，在热火朝天的建设年月，作出了他们独特的贡献。我满怀信心地认为，他们的贡献，终究会被后世严肃的文史学家，以历史唯物主义的态度和方法，予以客观的、科学的、公正的阐释和评价。

雷加的《半月随笔二集》封面及获第一届鲁迅文学奖的奖牌

2.《半月随笔二集》获第一届鲁迅文学奖

1996年由中国文联出版公司出版雷加的散文集《半月随笔二集》，获第一届（1995—1996）鲁迅文学奖。

3. 雷加《半月随笔二集》后记

我有过《半月随笔》出版，此其二集。

二集是一集的继续和扩展。不过，一集的出版也非常偶然，只是把手头随笔一类的文字收集起来而已。当时，我确用《半月随笔》标题写过一些。此次，仍有新的随笔在，但，我又有意把散文和随笔的含义，随着事物和意境的变化而扩展了。

我从来喜欢旅行，也随时写成纪游文字。比如，黑龙江之行，我为神圣的边防线所感动，又为“江东六十四屯”的遗恨而奠起忠魂之祭。

又如，滇西北横断山脉的漫游，至今诗意犹酣。其浓度依我看来有如古龙香水，但它又绝对属于劳动人民。

后来所写的《列岛童年》、《走西口》，它也保持了古风貌的半传说形式，又是那样原始的和民族的。而《这里没有夏天》和《这片沼泽》，它又可能是游记中的变种，我对这些建设者所具有的超前意识的喷射给予敬意。

究竟文学源于生活，由生活而来。我认为思维方面也会有反刍作用，于是一个作者常常对生活的反思是很必要的。因此，我历年来常常用“生活”为题作文章。它也许也可称为随笔吧！生活毕竟是大波，是洪流，而我为此所积累的的体会和经验，也不全然没有可取之处。如果生活是一面镜子，它会像露珠一样形成各种文论，那么，集子里的文论也是不可少的了。

我把前言后记当作耕田中的“引渠”，无“引渠”则不通，何况它们也属于随笔之类，此后记看来也不可少。

4．张春宁《晚霞如画》

“九一八”之后，在中国文坛上崛起了一个作家群——东北作家群。现在，历史已经走过了六十多年，他们之中许多人已先后作古。仅80年代以来，就有

《中国解放区文学书系》
出版座谈会

雷加参与编辑《中国解放区文学书系》，1992年参加出版座谈会的与会者合影（前排左四为雷加）

萧军、舒群、罗烽、白朗、骆宾基和端木蕻良先后别了我们。依然健在的几位也大多因年事已高，少有新作问世。但是，有一位却是明显的例外，那便是已年满八旬的雷加同志。他几十年笔耕不辍而不知老之将至。80年代后期以来，又写下了近百篇散文、随笔，又出版了《南来雁》、《沙的游戏》、《边城和人》、《半月随笔》、《半月随笔二集》等散文集，依然保持着旺盛的创作力。

5．苏予致雷加的信

您好！同住京城，难得相见。80年代到现在90年代末，您仍健笔如昔，拜读《半月随笔》和《半月随笔二集》，不胜钦羡。当袁鹰、守仁和我向鲁迅文学奖散文奖评委们推荐这部新作时，大家都有同感。散文家当中，尤其是老作家，像你这样踏遍全国，由云贵高原到黑龙江的瑷珲、漠河边地，由东海到西北边陲，并非看山水，而是随着油田、地质、林区、农垦和大三线建设者们的足迹，或重新踏上战斗岁月的土地，去感受和抒写生活，情感的笔墨，是有自己的风格的。这次参加评奖，读了一些作品。我其实不太喜欢近几年流行的所谓“文化散文”（以余秋雨为代表），写着写着就成了掉书袋或亮学问，很不自然。而有些作家自己标榜和别人捧场的所谓“个人写作”，“私人话语”，离开现实和“我”以外的人太远，有时很难读得进去。特别是那星月花鸟……为文造情的“美文”，也很不爱读。

北京作协的老同志们一个个远行，难得有过去与萧军、张志民、杨沫、柳倩和您那样的漫谈与请教的机会了，现在的作协驻会作家，同住和平门大楼，也少见面，作协开作家会或理事会，去的人亦少。

你有新作，盼赐教。

6．菡子致雷加的信

我的印象是，你的散文集被各地出版社所接受，写得也是很有特色的。我不揣冒昧，在《文汇月刊》和《人民日报》上都谈到评价你的散文。这就是我的反响，由于你丰富又有别于别人的经历，特别是你思想的深度，你的散文也越写越博大精深，富有哲理，有的简直是智慧的理智的小品，对您的散文应作为

2000年5月23日，雷加（右）参加中国现代文学馆新馆开馆典礼（左为舒乙）

2002年5月，雷加参加纪念毛泽东《在延安文艺座谈会上的讲话》发表60周年座谈会

一种学科来研究，我自觉力不胜任，现在恐怕也没有这样的学者和评论家，肯在我们这一代身上做学问。

7. 吴继路《跋涉者的证词》

一篇《火烧林》。这篇散文本身的命运包含了一个值得思索的有文献价值的新文学典故，可惜它并没引起评论家、研究家瞩目。文章作于1961年，发表于1981年。这二十年的间隔，在中国发生了历史巨变；文章发表后所引起的反响、反馈，一封不寻常的读者来信，意义重要，可以为现代西方“接受美学”提供一个不可多得的优例。文章所写的火烧林，是雷加当年跟随科学考察队跋涉横断山脉所亲临目睹的景象。森林被烧毁，一派惨状，他称之为“大地的死眼”；于是想象飞驰，作家也以笔墨描绘他逸兴壮思的画面，寄托他的情思理想。不料想，远在四川农村一位二十四岁的青年，给作家写来一封不吐不快的信；他向作者倾诉，读文章的他简直要哭出声来。他写了许多话，包括“救救——我们”这样撕心裂肝的呼唤。

《雷加文集》的出版是他晚年的慰藉

由北京出版社出版的《雷加文集》（四卷）在北京出版社书店上架

由作家出版社出版的雷加作品自选集《延安世纪行》和《我属于这条大河》在北京西单图书大厦上架

8．孙树兴致雷加的信

含蓄是你的散文的一大风格。杨朔的散文大多经过精心剪裁。如果说他的散文出自“文人”之手，是知识分子的作品，我感受你的作品的浑朴无华，是更难得的。杨朔的散文是火焰，是青春的情书；雷加的散文是土地，深厚陈实。杨的散文精雕细刻；你的散文浑然天成。杨的散文衣衫齐整；你的散文不修边幅。他想藏起自己的爱与赞美；而这些，在你的散文里根本没有露出来。在语言上，杨朔是热辣辣的，脸颊都被激动得发烫，而你的语言却从无色彩，有点像科学论文一样铁面无情。这是你的又一成就，即用科学论文一样的语言写成了抒情的、记事的、记人的等的散文。这些散文是铁，摸一摸，凉凉的。但，正像铁是火的结晶

中国现代文学馆祝贺雷加85岁生日赠送的花篮

2000年2月1日，北京市委副书记、宣传部部长龙新民（右）到家中祝贺雷加（左）85岁生日

北京市文联祝贺雷加90岁生日

2005年2月1日，雷加90岁生日

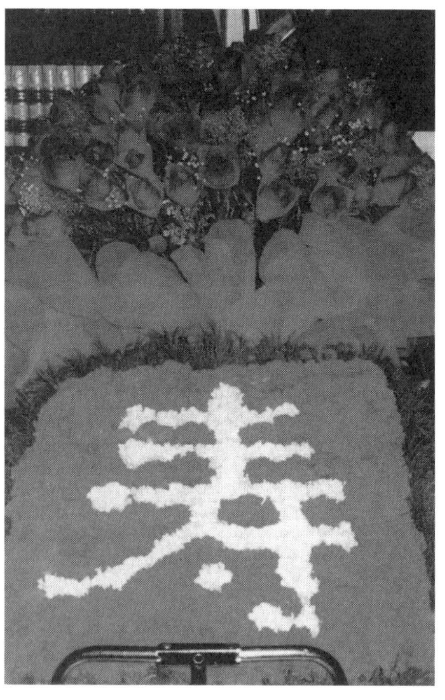

祝贺雷加90岁生日时用鲜花组成的“寿”字

一样，你的《火烧林》、《柳赞》等，凝聚着你一生的生活体验和感受，每个读者如果用心来接触这一块块铁，就会感到你的这块块“铁”，乃是火的变形。

9．苏予《风光无限 圆满远行》

读了雷加更多的作品、文集，感到这位由小说创作转向散文写作的老作家，他的许多带有鲜明个性与个人风格的人物特写、报告文学，乃至短篇小说，好像都追求一种散文美：真实、凝练、情感深挚、语言朴素优美。雷加的作品从不堆砌辞藻，绝不旁征博引“掉书袋”，讲废话。他热爱生活，关注现实。多年深入一线，采写工业建设、地质勘探、科学考察、抗灾抢险；战争时期到前线、敌后采写实际斗争。雷加对重大题材、突发事件有一种新闻记者式的敏感，而且他观察细致，细节、语言描写极为生动、真实。他72年的写作生涯，创作了300多万字各类体裁的作品。还不包括他在采访、写作中积累下来的数百本采访笔记、日记、实录资料。

我常常想起那次散文评奖，对雷加散文的讨论。雷加散文的风格、特点是什么呢？72年的人生采访，文学创作，雷加始终坚信：生活是创作的源泉，他说自己创作“紧跟生活，贴近时代”。雷加回忆挚友吴伯箫的一篇散文《“忘我”的沉思》中，有一段吴老谈创作的话：“自己曾妄想创作一种文体：小说的生活题材，诗的语言感情，散文的篇幅结构。内容是主要的，故事、人物、山水原野以至鸟兽虫鱼；感情粗犷、豪放也好，婉约、冲淡也好，总要有回甘余韵，体裁归散文，但希望不是散文诗。”雷加自己写的，不正是这样一种文体吗？

雷加的最后岁月，已到耄耋高龄，他还是不老的老雷加，精力依然充沛，身体、精神健朗如昔。那段时间，我因病住在闽南漳州气候温润的地方调养。雷加还在忙着写稿、编书、出书。我在外地不断收到他寄赠的新书：《半月随笔》（1994）、《半月随笔二集》（1996）、《雷加作品自选集》（2000）、《雷加日记书信选》（2001）、《雷加文集》四卷（2002）、第二部自选集两卷《我属于这条大河》《延安世纪行》（2007）。还有同女儿甘栗一起整理编成的三本文学回忆《来

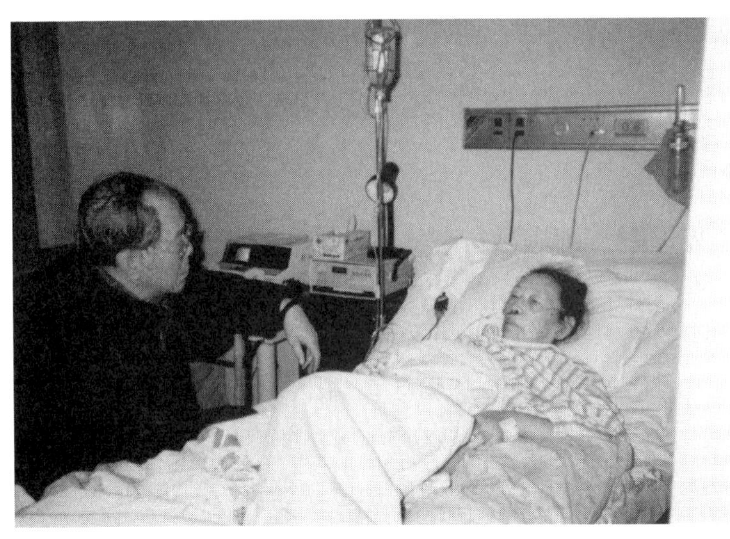

1997年10月，雷加与妻子伊苇生死诀别（之一）

1997年10月，雷加与妻子伊苇生死诀别（之二）

自百姓人间》(2007)、《生活札记》(2008)、《生活的花环》(2008)。他回顾自己的漫长人生和文学创作道路，感受到“生活如此多彩”，文学创作探索与实践“风光无限”。他说：“我是幸运的。”他给自己94岁的革命人生、文学创作画了一个圆满的句号。

10. 涂光群《话说作家雷加》

要怎样了解雷加这位作家与众不同的特性呢，我思索许久。曾用“赤子之心，国土之爱，一生笔耕不辍”来表述，这当然是对的，但太抽象。于是我从另一角度切入，这样似乎理得顺一些。回想起来，我最敬佩的是，他首先是个爱国志士。

从我略知的雷加同志早年和建国初期的行踪来看，我觉得

1999年6月，雷加（左）等游览山西平遥古城

2001年4月14日，雷加在卢沟桥

2001年4月，雷加在抗日战争雕塑群前

2001年4月，雷加在北京潘家园市场

作为爱国志士和文学作家的他，他的特性之一，是他时常走在大时代前列，我上面讲的例子，都可以印证这一点。有几个人到过“七七”事变现场呢？在“八一五”日寇投降后，他有数年是作为领头的干部帮助新的国家恢复工厂、重建工业，其次才是将他的亲历写成小说作品。其后，我将用更多例子来印证他是个实践者，实行者。他有最广大的国土之爱，为此他在半个多世纪，不畏困难险阻，几乎走遍这神圣、壮丽的祖国山河大地，他始终是社会变革的参与者，

2002年5月，雷加在圆明园

2007年9月，雷加在鲁迅故居

见证者；他是各种体裁如散文、特写、报告文学、小说等作品的写作者；他时常走在时代的前头。

由此，我可以回答雷加是一个什么样的作家？他的特性在哪儿？我认为他是个以全方位实地考察并记载辽阔神州百年瞬息变革为自己使命的作家，他的写作生命甚长，几乎等于他的肉体生命。也可以说，他的写作生命就是他的生命。但也可以说，他留下的作品，他的精神生命，当然比肉体生命更加长久。

2007年9月，雷加等参加北京作协组织的活动（左起：解玺璋、雷加、邓友梅、赵大年）

他作品的源流，历史方面，使我想起“究天人之际，成一家之言”的司马迁；现场亲历记载方面，使我想起明代的大地理学家、大旅行家徐霞客和他的游记。

11. 魏巍《纪念〈讲话〉，学习鲁迅》

建国后，丁玲最早提出作家“到群众中去落户”，这无疑是一个最彻底的口号。柳青对此做了热烈的响应，他在长安县皇甫村的一座大庙住下来，后来写出闻名的《创业史》。后来丁玲也身体力行，到了北大荒，别人以为她是被划成右派作为处罚去的，其实不是，是她主动要求去的；因为她认为脸上既是被刺了字，与其待在北京，还不如彻底地走到群众中。在这方面突出的还有我们的女兵菡子，她在上甘岭激战的时刻，确实就在上甘岭，置身在几十万发炮弹的攻击中而毫无惧色。女作家草明她的身体那么单弱，竟在鞍钢炼钢车间当了支部书记，在烟火缭绕、钢铁轰鸣中熔铸着工业的诗，为郭老所称道。还有周立波、刘白羽、艾芜、雷加、曾克等许多人不都是深入火热斗争的模范吗？当时在文艺工作者中确实形成了一种风气，谁不去深入生活就显得脸上无光。正是因众多作家和广大文艺工作者，真正按毛泽东同志的话做了，所以都对人民捧出了

雷加的部分作品书影

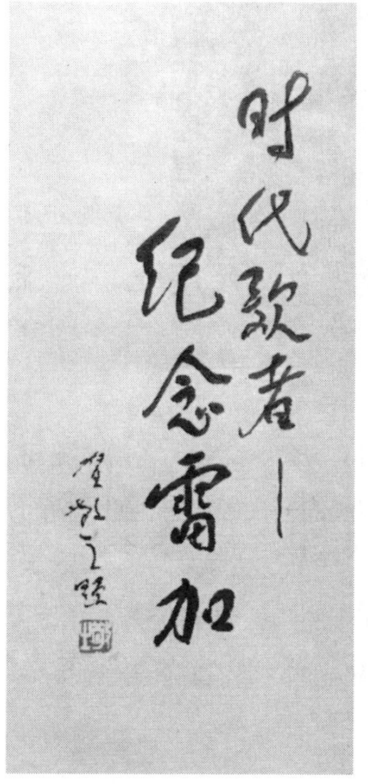

贺敬之题字“时代歌者——纪念雷加”

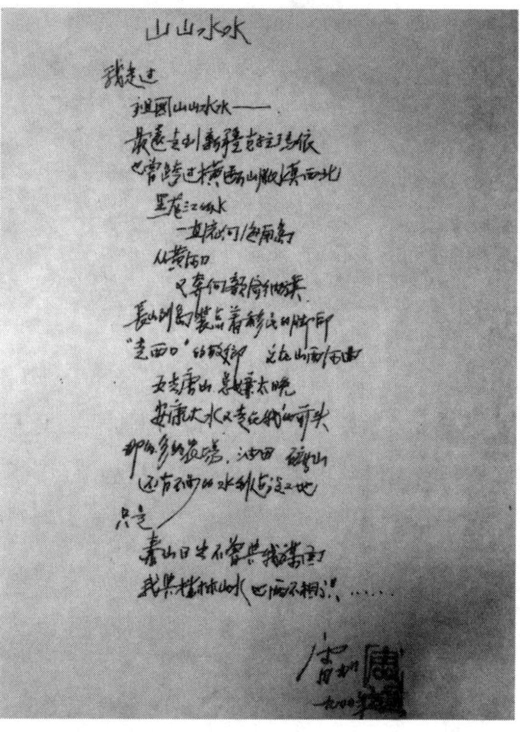

山山水水

我走过
祖国山山水水——
最远去到新疆[illegible]
也曾跨过横断山脉滇西北
黑龙江的水
一直流向海南岛
从黄河口
[illegible]
長山列岛[illegible]
“走西口”的故乡 [illegible]
[illegible]
安康大水[illegible]
[illegible]
[illegible]
只是
[illegible]
[illegible]……

雷加

雷加创作的诗歌《山山水水》手迹

2004年9月，雷加与子女孙儿们合影

2008年清明节，雷加（前排左二）与家人最后一次合影

可观的作品。除了丁玲、艾青、柯仲平、欧阳山、沙汀、艾芜、杨朔、田间、何其芳等30年代的作家外，在抗日战争及以后崛起的一代代作家，如赵树理、孙犁、王林、梁斌、柳青、马加、雷加、秦兆阳、康濯、贺敬之、郭小川、李季、胡可、柯岗、白刃、沈西蒙、杜鹏程等巍然可观的队伍（也许可以举出百人以上，还不包括文学以外的其他艺术部门），真是星光灿烂，汇成了一条银河。

第十三章

魂归鸭绿江

1．雷加《八十之言》

八十以后，我只属于我自己，求得绝对安静；晚年我自己照顾自己，少拖累人；有一天我承受不了病痛时，给我“安乐死”。不要任何形式，只要两把骨灰：一把撒在三道浪头江湾，一把撒在鸭绿江入海口。

雷加素描

2．代明《珍贵老照片将文联大作家“一网打尽”》

最难忘记前年的10月，父亲因病住进同仁医院，竟然遇见了老作家雷加。94岁的雷老体魄依然健硕，如果不是因为肠胃不适，需要来检查，决不会想到会在医院相见。只是他记忆力有些衰退，但一看到住院名单上“戴其锷”的名字，还是专门来到我父亲的病房聊天。那一天，二老聊了一个多小时。三天以后，父亲出院，临出院前到雷加老人的病房告别，安慰他说：“您的检查结果是良性的，没有问题。”雷加老人当时笑着点头。但谁能想到，半年以后，我父亲先是淋巴癌扩散，不幸去世；又一个月后，著名作家雷加也因病撒手人寰。他们先后住进医院，相互给予支持鼓励，可最后还是先后离我们而去。

3．黎辛《雷加，我们还要聚会的》

据载，雷加去世。这太突然了，但又不能不信。报上这类消息还没听说过有假的。往他家打电话，已无人接听。

雷加年龄稍大，但身体好，没有许多老年人常有的疾病。因为年轻时的腰伤，走路困难，以轮椅代步。外出时，手扶楼梯栏杆，挪一下身子，下一个台阶。

北京太大，老朋友住得距离远，我去看雷加，坐出租车要走一个半小时，平常联系通电话多。雷加在电话里说话声大，谈笑风生，让人愿听。他住在右安门时，几个老朋友，如陈明、李清泉，有时还有李纳、关木琴，我们常常一年去一个酒店聚会一次，大家轮流坐庄。每年的春节，因作协的春节团拜，我们约好，早点去，抢先在最靠会议厅大门的那排中间占位，大家坐在一起聊天。雷加的家2008年夏天搬迁，他不想走。到不能不走时，他住到通州，离城太远，大家不聚会了。

搬迁，使雷加很不高兴。他在垂暮之年搬离他住了五十多年的房子，不得不住到通州的女儿家。虽然有好的居住环境，身边有友好能干的小阿姨照顾，特别是天天能和女儿甘栗一起生活，可是他还是不开心。他常常问女儿：“我为什么没有自己的家？为

作家好友的聚会，这次是黎辛坐庄（左起：陈明、黎辛、李清泉、雷加）

2008年春节，中国作协在北京饭店金色大厅举办新春联谊会，中国作协副主席陈建功（右）与雷加（左）亲切交谈

什么我没有家？”我想，这是他突然去世的原因。城市中的搬迁，对老年人的危害是不可低估的。

那天下午，雷加好好的，要自己起身喝鸡汤，就从此“安然

2009年1月13日下午，在中国作协举办的新春联谊会上，袁鹰和雷加欣喜握手。1月15日的《文艺报》刊登了此照片，标题是《老友互贺新春》

2009年春节，又是一年一度的作家们的新春联谊会。雷加来到北京饭店金色大厅，看着满堂欢乐的作家同行们，即将远行的他若有所思

而去”了。他走得“安然”，朋友们感到突然，儿女们感到凄然。

雷加兄去马克思处报到了，我们将陆续跟着来。我们将再聚会在那里，学习、工作、生活，在那里为人民服务。

4．黎辛《雷加，我们还要聚会的》

雷加走后，儿女们以“子女及孙”的署名印发了一个四页的“敬告”。首页印着雷加的平身照，底页印着雷加与伊苇的夫妻照，中间两页写着：

> 雷加，1915年生于辽宁省丹东市
>
> 1937年参加中国共产党
>
> 1938年到延安，从事革命文艺工作，任文化协会秘书长和“文抗”理事
>
> 曾担任北京作家协会和文联领导职务
>
> 曾任全国文联委员和中国作家协会顾问、名誉委员
>
> 主要作品：
>
> 《潜力》三部曲（《春天来到了鸭绿江》《站在最前列》《蓝色的青枫林》）、《海员朱宝庭》、《从冰斗到大川》、《半月随笔一、二集》、《火烧林》、《沙的游戏》、《南来雁》、《延安世纪行》、《我属于这条大河》、《雷加文集》
>
> 这些作品，在雷加晚年曾多次被印刷发行。

文末，特别说：

> 雷加于2009年3月10日下午在北京辞世，享年94岁。
>
> 在此我们特向在几十年漫长岁月中给予他支持、帮助与关怀的亲朋和战友们表示感谢。

以“敬告”代“讣告”，印刷精美，做法独特，这是雷加的儿女们精心与苦心的表现，使我感到舒心。

雷加，1915年生于辽宁省丹东市
1937年参加中国共产党
1938年到延安，从事革命文艺工作，任文化协会秘书长和“文抗”理事
全国解放后，专门从事文学创作
曾担任北京作家协会领导职务
曾任全国文联委员和中国作家协会顾问、名誉委员

主要作品：
《潜力》三部曲（《春天来到了鸭绿江》《站在最前列》《蓝色的青㭎林》）、《海员朱宝庭》、《从冰斗到大川》、《半月随笔一二集》、《火烧林》、《沙的游戏》、《南来雁》、《延安世纪行》、《我属于这条大河》、《雷加文集》

敬　告

雷加于2009年3月10日下午在北京辞世，享年94岁。

在此我们特向在几十年漫长岁月中给予他支持、帮助与关怀的亲朋和战友们表示感谢。

子女　刘立宾　孙海燕
　　　刘甘棠　王　琪
　　　刘立根
　　　刘立清　张小茜
　　　刘立琦　杨　蕾

及孙　赵　苗　王　晨
　　　李禹娜　王晓佳
　　　刘　加　刘　丁
　　　刘天娜

二零零九年三月十日

雷加伊苇夫妇

雷加 1915-2009

关于雷加辞世的“敬告”

5. 袁茂仲《鸭绿江之子》

今年3月10日，94岁的文学艺术家雷加先生，平静地走完了人生的旅途。雷加的一生，是集革命家和文学家于一身，是伟大的爱国者的一生。在70多年的文学创作生涯里，他写下了无数热爱鸭绿江、眷恋鸭绿江、向往鸭绿江和“打回鸭绿江”的激昂文字。他的第一部长篇小说，就起名为《春天来到了鸭绿江》。他无愧是开创鸭绿江文学先河的人。他是丹东人民引以为傲的鸭绿江之子。

雷加出生在鸭绿江边。作为雷加的老乡，读他的作品，平添几分乡情与亲切。他的童年，在紧靠鸭绿江边的浪头镇度过。他经常在晌午的时候，滚着铁环，向江边跑去，然后拣一块石头坐下，望着江面出神……他见过各地开来的火轮船、见过起重机吊起的原木、见过鸭绿江上的白帆、见过不时掠过水面的海鸥、见过对岸金刚山的余脉。他幻想着在江心的水鼓上坐一坐，他很想到火轮上看一看。他知道，上游30里是梦寐以求的热闹城市安东，下游不远处便是每天给江水带来两次潮水的大海。

1941年，作为东北作家群代表人物之一的雷加，在延安写下散文《鸭绿江》。在他眼里，鸭绿江是一条有灵性的江，他深情地写道：“我什么时候第一次瞧见这江水呢？在梦中，还是在母亲的怀抱，我记不清了。什么时候我才懂得它的江水绿得这么美呢？我也说不清了。但它的确绿得真美，绿得透心的美。”无论何时，无论何地，雷加对鸭绿江有着不尽的思念。他接着写道：“凡是到过鸭绿江的人，永远不会忘记由青山雪顶淌下的这股碧流，它是无比的清澈和深邃，又是那样的动人，那么使人心胸荡漾。”

2009年5月，遵照雷加生前嘱托，子女和亲人们把他的骨灰撒入他一生挚爱的鸭绿江

2009年5月，雷加魂归鸭绿江（之一）

2009年5月，雷加魂归鸭绿江（之二）

2009年5月，雷加魂归鸭绿江（之三）

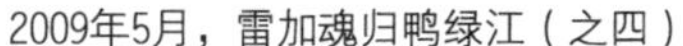

2009年5月，雷加魂归鸭绿江（之四）

2009年5月，雷加魂归鸭绿江（之五）

安东解放后，雷加于1945年11月回到故乡，任安东造纸厂厂长，在安东工作了五年。发自对鸭绿江的爱，也是对家乡的爱。雷加在《潜力》三部曲中，用文艺作品讴歌生他育他的这块土地，多次提到了家乡的地名，如，沙河镇、东坎子、镇安桥、大孤山、八道沟、元宝山、六道沟、三道浪头、长甸河口、二道桥子等。20世纪80年代后，他曾四次回到丹东，每一次都要骑着自行车游览鸭绿江，在老一号坝门，他曾对我说："这是枪毙伪安东省长曹承宗的地方，"在鸭绿江造纸厂南边的江心岛，他说："我们曾在这里钓过鱼。"1988年初夏，他骑自行车从东坎子出发，过漫山桥，经九道沟，到七道沟。然后调头从站前沿着锦山大街东行。他惊叹家乡的变化，称赞锦山大街是大胆的设计，它开阔、明亮，使丹东市容得以改观，让丹东更加美丽了。每一次回丹东，都能勾起他对往事的回忆。在太平湾电厂，他指着对岸的山路说："那条路我走过。"在八道沟，他讲起他曾在这里读了两年高小。1994年来丹东，他还步行来到二道桥子——他童年买冰鞋的地方。然而，时过境迁，70年前的老街已无昔日踪影，感慨中他没有遗憾，有的只是深情的怀念。

雷加先生到过长江、珠江、淮河、怒江、澜沧江、图们江；到过印度的恒河、欧洲中部的多瑙河；他写过鸭绿江、黑龙江和大运河；在黄河三门峡水库工作过。他见过龙门的跳跃、长江的跌宕、九曲十八弯的荒诞不经、黄河的咆哮、汉江的特大洪水。然而，他最钟爱的还是鸭绿江。鸭绿江是雷加的骄傲，鸭绿江是雷加生命的源头。从源头到海洋，是雷加的愿望，是雷加的实践，他无愧是鸭绿江之子。今年5月，按照他的遗愿，他的骨灰撒入了他一生魂牵梦绕、不尽牵挂的鸭绿江碧波之中。这位把一生献给民族解放事业，追求真理，写下数百万字作品的慈祥老人，和那川流不息的鸭绿江水，永远，永远在我们的心间流淌。

6．刘仲文《鸭绿江边忆雷加》

2009年5月25日，遵从雷加的遗愿，他的子女和北京文联的负责同志护送他的骨灰回到了丹东。我与市委宣传部、市文联、市委党史研究室的负责同志及省作协代表、丹东两个造纸厂的代表以隆重的仪式，迎接这位为家乡的解放和建设作出过贡献的丹东人民的儿子魂归故里，并于5月26日在鸭绿江上举行了隆重的骨灰撒放仪式。

鸭绿江一江碧水，载着雷加的忠骨随波而去，却把他对家乡的一世情怀深深地、久久地留在了故乡人的心底。

7．赵郁秀《最美鸭绿江》

“鸭绿江水永远萦回在我的梦中，永不消失的绿波流过我的一生。”老作家雷加的女儿刘甘栗在手捧爸爸骨灰返回故里后的追思会上向众人含泪吟诵着爸爸刻骨于心的这一段话。

在杜鹃盛开、白果树浓绿的日子，我们追随着文学赤子雷加的足迹，在丹东市委精心安排好的素雅的游艇上，在由中国作协、北京文联、丹东市委等单位赠送的花篮旁，向上方悬挂的雷加及其夫人伊苇遗像深深三鞠躬。随着萨克斯名曲《回家》悠扬、深沉的音乐声，雷加的儿女们、亲朋们将一捧捧拌着黄、

故乡鸭绿江上的铁桥是雷加一生最挚爱的拍摄对象

白菊花和彩色玫瑰花瓣的骨灰，慢慢撒向静静流淌的鸭绿江水。我边撒边默默诵念：我尊敬的老乡，您真的回家了，回我们可爱的故乡！永眠鸭绿江了！我模糊的两眼望着碧绿的江面，那里出现了一条长长的五彩缤纷的花的彩带，在和煦的阳光和翠绿江水的映衬下那花带是那么耀眼和绚丽。江岸上散步和跳舞的人们，都停止了脚步，凝视着绿水江心这一条长长的彩带。对岸朝鲜国的朋友们也驻足远望，他们并不知道这是中国一位近百岁高龄的文学战士魂归故里，

今日鸭绿江

他们看到的是江中出现的奇异的美丽景象。据丹东的老同志们讲，这仪式也是近百年来鸭绿江历史上的首次。源自长白山天池的圣水鸭绿江，曾经历过日寇铁蹄的蹂躏，经历过美帝飞机的狂轰滥炸，流淌过烈士、英雄的鲜血，听过“雄赳赳、气昂昂”的战歌。但是，汹涛骇浪之后，它依然如故地静静流淌，呈现了雷加所称赞的“绿得真美，绿得透心的美”的原生态的色彩。今天，这绿得真美的鸭绿江上又飘起长长的五彩缤纷的最美的花带，流向汪洋大海！

第十四章

斯人已往 潇洒依然

1. 雷加与中国现代文学馆

雷加在落成不久的中国现代文学馆（旧馆）门前

雷加（右一）向舒乙（右二）送交书稿

雷加与女儿参观初建时的中国现代文学馆书库

2000年5月23日，雷加在中国现代文学馆新馆开馆典礼上

雷加参观中国现代文学馆新馆

中国现代文学馆的“新中国60年文学成就展”中有关雷加的展板

中国现代文学馆的“新中国60年文学成就展”中有关雷加的展板

雷加的作品在中国现代文学馆的“新中国60年文学成就展”中

2．人大代表雷加

雷加（二排右一）在北京市人大代表会议上

雷加在北京市人大代表会议上

3．在会议上发言的雷加

在会议上发言的雷加（之一）

在会议上发言的雷加（之二）

在会议上发言的雷加（之三）

在会议上发言的雷加（之四）

在会议上发言的雷加（之五）

在会议上发言的雷加（之六）

在会议上发言的雷加（之七）

4. 雷加在签名题字

雷加在签名题字（之一）

雷加在签名题字（之二）

雷加在签名题字（之三）

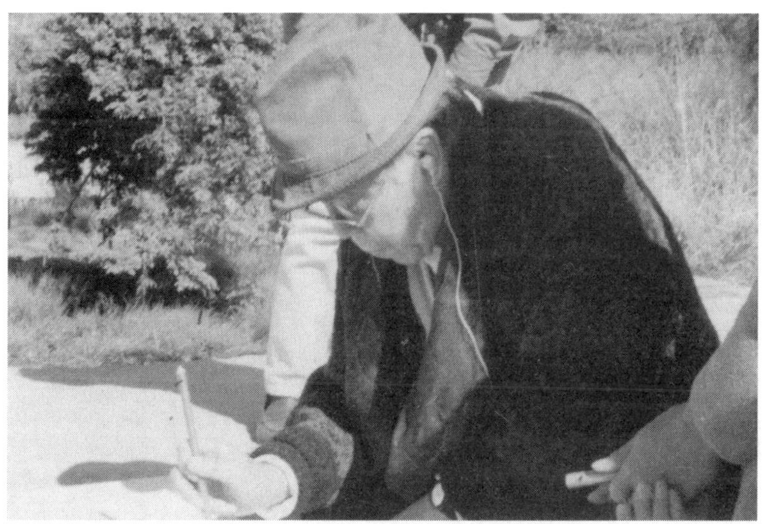

雷加在签名题字（之四）

5．行进中的雷加

行进中的雷加（之一）

行进中的雷加（之二）

行进中的雷加（之三）

行进中的雷加（之四）

行进中的雷加（之五）

6．晚年雷加在写作中

晚年雷加在写作中（之一）

晚年雷加在写作中（之二）

晚年雷加在写作中（之三）

7．雷加的书房书柜和书桌

雷加和他的书房（之一）

雷加和他的书房（之二）

雷加和他的书房（之三）

雷加和他的书房（之四）

雷加和他的书房（之五）

雷加的书柜（之一）

雷加的书柜（之二）

雷加的书柜（之三）

雷加的书桌

8. 晚年雷加的风采

晚年雷加的风采（之一）

晚年雷加的风采（之二）

晚年雷加的风采（之三）

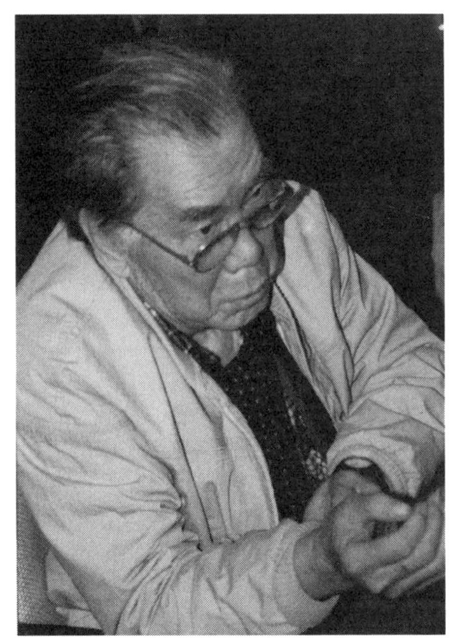
晚年雷加的风采（之四）

晚年雷加的风采（之五）

晚年雷加的风采（之六）

晚年雷加的风采（之七）

晚年雷加的风采（之八）

9．雷加的天伦之乐

雷加的天伦之乐（之一）

雷加的天伦之乐（之二）

雷加的天伦之乐（之三）

雷加的天伦之乐（之四）

雷加的天伦之乐（之五）

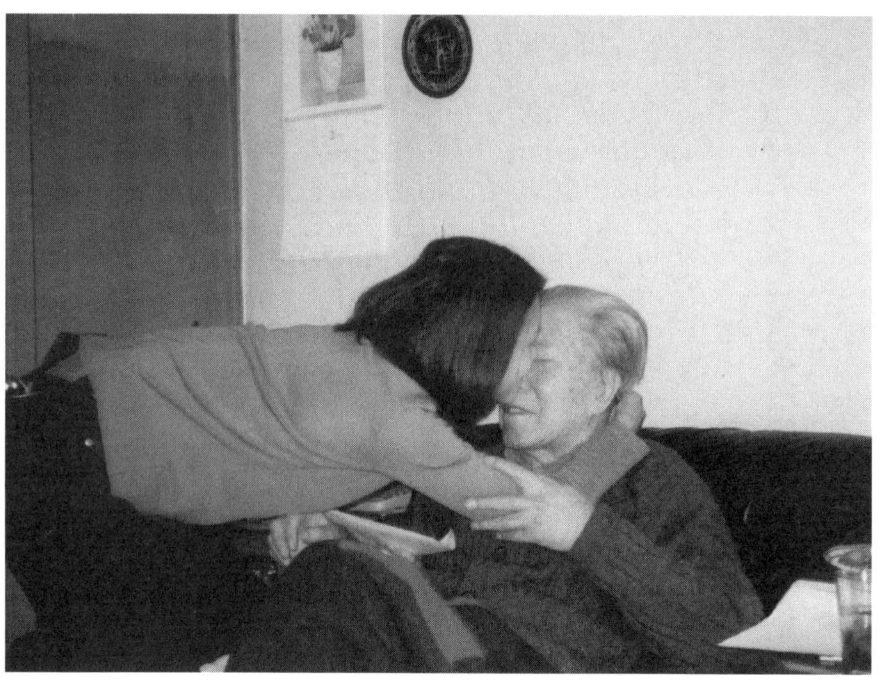

雷加的天伦之乐（之六）

雷加的天伦之乐（之七）

10．潇洒雷加

潇洒雷加（之一）

潇洒雷加（之二）

附则：本书中引用文章的出处

第一章

马锦忠:《著名作家雷加的祖上身世》(特约供稿)。

芦苇 :《老作家雷加回故乡采风寻根》,《山东作家信息报》, 1987年12月25日。

第四章

康平:《迎着时代前进》，康平编著《雷加研究专集》，湖北教育出版社 ，1990年出版。

赵荣生:《回忆卫立煌先生》,

赵荣生著《回忆卫立煌先生》，文史资料出版社 ，1985年出版。

第五章

阎纯德:《生活的开掘者》,《小说林》，1981年12月第3期。

康平:《迎着时代前进》，康平编著《雷加研究专集》，湖北教育出版社，1990年出版。

艾克恩:《延安文艺运动纪盛》，艾克恩编篡《延安文艺运动纪盛》，文化艺术出版社，1987年出版。

张小茜:《雷加：第一个报道白求恩的作家》,《北京老干部》，2009年第6期。

谷溪:《我见到的老作家——雷加》，康平编著《雷加研究专集》，湖北教育出版社，1990年出版。

庄启东:《习仲勋在“抢救运动”中》，庄启东著《一个左联兵士的求索》，人民日报出版社，1999年出版。

第六章

张凤珠:《追忆雷加》，刘甘栗编《时代歌者　纪念雷加》，作家出版社，2010年出版。

李青:《性情雷加》,《西城文苑》，2010年第1期。

第七章

李纳:《怀念雷加》，刘甘栗编《时代歌者　纪念雷加》，作家出版社，2010年出版。

赵郁秀:《最美鸭绿江》,《人民日报》，2009年6月27日。

胡风:《在工业战线上》，三联版《胡风杂文集》。

迟立安:《用纸“燃烧”的岁月》,《丹东日报　鸭绿江周刊》，2012年3月9日。

刘仲文:《鸭绿江边忆雷加》,《丹东日报　鸭绿江周刊》，2010年2月5日。

第八章

茅盾对《潜力》三部曲中一部分内容的评价，《<夜读抄>及其他——记茅公二三事》，雷加著《半月随笔二集》，中国文联出版公司，1996年出版。

康平:《伟大的时代 光辉的形象》,《沈阳师范学院学报》，1981年第2期。

吴访益 白志伟:《为有源头活水来》，刘甘栗编《时代歌者　纪念雷加》，作家出版社，2010年出版。

周良沛:《<白马雪山　碧罗雪山　四莽雪山>书前》，雷加著《白马雪山　碧罗雪山　四莽雪山》，云南人民出版社，2011年出版。

翟泰丰:《二十世纪中国文学的回顾与思考》,《光明日报》，2000年7月6日。

舒晋瑜:《劳动者应当成为文学作品的主人公》,《中华读书报》第52期。

张炯:《在草明同志百年诞辰纪念会的讲话》,《文艺理论与批评》，2013年第4期。

第九章

李辉:《胡风集团冤案始末》，李辉著《胡风集团冤案始末》，人民日报出版社，1989年出版。

张凤珠:《追忆雷加》，刘甘栗编《时代歌者　纪念雷加》，作家出版社，2010年出版。

胡文杰:《探求世界上一切真善美》，《文艺报》，1999年6月19日。

王家斌:《雷加与海》，《中国海洋报》，1997年4月4日。

第十章

阎纯德:《生活的开掘者》，《小说林》，1981年12月第3期。

李甡:《我对雷加永远心存崇敬和感激》，刘甘栗编《时代歌者　纪念雷加》，作家出版社，2010年出版。

夏红:《关于书的情结》，刘甘栗编《生活与美　雷加研究》，作家出版社，2001年出版。

陈建功:《忆雷加》，《文艺报》，2009年11月21日。

郑士心:《雷加同志二三事》，《文艺报》，1996年4月5日

郑士心:《雷加心中的画》，《文艺报》，1997年9月6日

高桦:《雷老的小事几桩》，刘甘栗编《时代歌者 纪念雷加》，作家出版社，2010年出版。

马尚瑞:《怎得人如天上月》，《中华魂》，2009年第4期。

从维熙:《以雪为纸写雷加》，《北京青年报》，2009年11月7日。

第十一章

阎纯德:《20世纪中国文学史上的雷加》，刘甘栗编《时代歌者　纪念雷加》，作家出版社，2010年出版。

曹谷溪:《我见到的老作家雷加》，《榆林报》，1981年8月13日。

高长印:《雷加的文学观念和文学实践》，刘甘栗编《生活与美　雷加研究》，作家出版社，2001年出版。

张春宁:《大时代交响乐中的嘹亮短笛》,刘甘栗编《生活与美 雷加研究》,作家出版社,2001年出版。

马尚瑞:《散文在歌唱生活》,马尚瑞著《作家与作品》,中国展望出版社,1984年出版。

卢新华:《雷加的创作意识与散文道路》,刘甘栗编《生活与美 雷加研究》,作家出版社,2001年出版。

吴继路:《跋涉者的证词》,《中流》,1996年第6期。

杨聪凤:《雷加作品研究六篇论文前言》,刘甘栗编《生活与美 雷加研究》,作家出版社,2001年出版。

王增如:《丁玲办<中国>》,王增如著《丁玲办<中国>》,人民文学出版社,2011年出版。

马尚瑞:《谈雷加精神》,《北京作协通讯》,1990年2-3。

白长青:《漫谈雷加的创作道路》,刘甘栗编《时代歌者 纪念雷加》,作家出版社,2010年出版。

阎纯德:《20世纪中国文学史上的雷加》,刘甘栗编《时代歌者 纪念雷加》,作家出版社,2010年出版。

第十二章

李青:《综述:雷加文学创作学术研讨会在丹东举行》,《北京作协通讯》,1990年2-3。

菡子致雷加的信,刘甘栗编《生活与美 雷加研究》,作家出版社,2001年出版。

张丽妧:《记忆中的雷加》,《北京社会科学报》,2009年6月16日。

李青:《性情雷加》,《西城文苑》,2010年第1期。

孟伟哉致雷加女儿的一封信,刘甘栗编《时代歌者 纪念雷加》,作家出版社,2010年出版。

张春宁:《晚霞如画》,《文艺评论》,1997年第3期。

苏予致雷加的信,刘甘栗编《生活与美 雷加研究》,作家出版社,2001年出版。

菡子致雷加的信,《雷加日记书信选》,国际文化出版公司,2001年出版。

吴继路:《跋涉者的证词》,《中流》,1996年第6期。

孙树兴致雷加的信,刘甘栗编《生活与美　雷加研究》,作家出版社 2010年出版。

苏予:《风光无限 圆满远行》,刘甘栗编《时代歌者　纪念雷加》,作家出版社,2010年出版。

涂光群:《话说作家雷加》,刘甘栗编《时代歌者　纪念雷加》,作家出版社,2010年出版。

魏巍:《纪念<讲话>,学习鲁迅》,魏巍在纪念毛泽东同志《在延安文艺座谈会上的讲话》65周年大会上的发言。

第十三章

代明:《珍贵老照片将文联大作家“一网打尽”》,《北京晚报》,2010年8月12日。

黎辛:《雷加,我们还要聚会的》,刘甘栗编《时代歌者　纪念雷加》,作家出版社,2010年出版。

袁茂仲:《鸭绿江之子》,刘甘栗编《时代歌者　纪念雷加》,作家出版社,2010年出版。

刘仲文:《鸭绿江边忆雷加》,《丹东日报　鸭绿江周刊》,2010年2月5日。

赵郁秀:《最美鸭绿江》,《人民日报》,2009年6月27日。

附录

雷加著译系年

康　平　刘甘栗

1936年 高尔基四十年文学活动（［苏］斯台基著，日译，署名赫戏）

《世界动态》第1卷第1期121—130页。

关于世界观和创作方法（［苏］司帕考诺著，日译，署名赫戏）

《文艺丛报》1938年第4期421—422页。

1937年 新现实主义与革命的浪漫主义（［苏］吉尔波丁著，日译，署名赫戏）

《文艺科学》1937年4月号，第70—74页。

最后的降旗（署名赫公）

《大公报·战线》1937年10月15日第4版。

平津道上（特写）

《时事类编》1937年。

1938年 弹弓老人（署名赫公）

《大公报·战线》1938年1月12日第4版。

阴影与黑夜（署名赫公）

《大公报·战线》1938年3月7日、3月18日。

尸友（小说）（署名赫公）

《战地》第1卷第2期，1938年4月5日出版。

运辙手李棍——光荣的装甲车——插话（署名赫公）

《大公报·战线》1938年5月28日第6版。

王冠的宝石（报告文学）

《抗敌报》（晋察冀边区）1938年11月17日。

记国际友人白求恩（报告文学）

延安《军政杂志》1938年第2期。

1939年 炮位周围（小说）

《文艺突击》总第5期，1939年5月25日出版。

宫本信雄（特写）

《军政杂志》1939年第6期。

三个人的阵地（小说）

《文艺突击》第1卷第2期，1939年6月25日出版。

老鼠夹子（又名《游击大队长》）（报告文学）

《文艺阵地》第3卷第8期，1939年8月1日出版。

城长与门长（游击区内）（特写）

《新中华报》1939年8月5日第4版。

前线的故事（特写）

《西线文艺》创刊号，1939年8月10日出版。

鬼子到底是鬼子（特写）

《新中华报》1939年8月18日第4版。

青年科长和他的马（游击区内）（特写）

《新中华报》1939年8月22日第4版。

靖安军的歼灭（报告文学）

《中国青年》1939年第5期。

电话指挥炮弹（游击区内）（特写）

《新中华报》1939年11月3日第4版。

一车粪的故事（报告文学）

《新中华报》1939年11月25日第4版。

一支三八式（小说）

《文艺战线》1939年第1卷第5期，1939年11月16日出版。

破铁路与剪电线（特写）

《军政杂志》1939年第11期。

1940年　一个会唱莲花落的小鬼（报告文学）

《文艺阵地》第4卷第17期，1940年2月1日出版。

游击区内（三则）（特写）

《大公报》1940年4月11日。

敌后行（二则）（特写）

《反攻》1940年5月号。

遗书（报告文学）

《大众文学》1940年第5期。

佐佐木（特写）

《大众文艺》1940年第5期。

忠魂塔（小说）

《大众文艺》1940年第5期。

水塔（小说）

《文学月刊》第5卷1、2期合刊，1940年9月15日出版。

苦难中（小说）

《新华日报》1940年。

她们一群（又名《妇女抗战进行曲》、《黎明曲》）（报告文学）

《七月》1940年第6集1、2期合刊，1940年12月出版。

一个没有山炮的战斗（报告文学）

《时事类编》1940年第46期。

五大洲的帽子（小说）

《时代文学》1941年第3期（端木蕻良主编，香港时代批评出版社出版，时代书店总经售），1941年8月出版。

1941年 鸭绿江（散文）

《文艺月报》第2卷第6期，1941年2月15日出版；

收入《水塔》，大连光华书店出版。

枣饼（特写）

《新蜀报》1941年2月19日。

死者的故事（又名《火》）（小说）

《七月》1941年。

孩子（散文）

延安《解放日报》1941年6月24日、25日第2版。

屈辱者和他挚爱的一生（小说）

《七月》第6集第4期，1941年9月出版。

1942年 沙湄（小说）

《谷雨》第1卷2、3期合刊，1942年2月15日出版。

躺在睡椅里的人（小说）

延安《解放日报》1942年3月17日、18日连载。

人山的故事（散文）

延安《解放日报》1942年8月1日第4版。

平常的故事（小说）

延安《解放日报》1942年8月12日第4版。

1943年 揽羊人（小说）

收入《青春的召唤》，中国青年出版社1958年出版。

“女儿坟”最后一代（小说）

收入《青春的召唤》，中国青年出版社1958年出版。

1944年 男英雄和女英雄（又名《纺车又响了》）（小说）

收入《男英雄和女英雄》，天下图书公司1950年出版。

路（小说）

延安《解放日报》1944年。

沉默的黑怀德（小说）

收入《男英雄和女英雄》，天下图书公司1950年出版。

麦地的梦（小说）

收入《男英雄和女英雄》，天下图书公司1950年出版。

1945年　黄河晚歌（报告文学）

延安《解放日报》1945年2月3日第4版；

《新华日报》1945年3月7日第4版。

请求（小说）

延安《解放日报》1945年6月6日第4版。

解放了的土地（报告文学）

1945年《东北时报》。

1946年　姊之家（小说）

《白山》1946年创刊号，1946年2月20日出版；

收入《水塔》，大连光华书店1948年出版。

有仇必报（小说）

《白山》1946年第3期，1946年6月15日出版；

收入《水塔》，大连光华书店1948年出版。

五月的鲜花（散文）

《白山》1946年第5期，1946年8月10日出版。

1948年　△《水塔》（短篇小说集）

大连光华书店1948年出版。

1949年 鳝鱼（小说）

《东北日报》1949年1月16日第4版。

收入《男英雄和女英雄》，天下图书公司1950年出版。

培烧炉（散文）

《东北日报》1949年7月24日。

1950年 △男英雄和女英雄（短篇小说集）

天下图书公司1950年出版。

1952年 不能对生活骄傲（创作谈）

《光明日报》1952年5月24日第5版。

△我们的节日（中篇小说）

文艺建设丛书编辑委员会编辑，人民文学出版社1952年出版，1954年4月第5次印刷。

1954年 青春的召唤（小说）

收入《青春的召唤》，中国青年出版社1958年出版。

△《春天来到了鸭绿江》（长篇小说）《潜力》三部曲第一部

作家出版社1954年出版。全书共17章。

1955年 李季查（捷克斯洛伐克访问记）（报告文学）

《人民文学》1955年6月号。

收入《匈捷访问记》，改题《利地采》，作家出版社1956年出版。

友谊的桥梁——影片《友谊花朵处处开》观后（影片介绍）

《大众电影》1955年第9期。

哈利·亚诺什——匈牙利访问记（特写）

《文艺月报》1955年9月号。

永不磨灭的友谊（散文）

《文艺报》1955年第17期。

△海员朱宝庭（传记）

工人出版社1955年出版。

人民文学出版社1958年出版。

1956年　百灵鸟（小说）

收入《青春的召唤》，中国青年出版社1958年出版。

△匈捷访问记

作家出版社1956年出版，书前有“内容说明”，插页12幅。

△站在最前列（长篇小说《潜力》三部曲第二部）

作家出版社1956年出版，1958年第4次印刷，1963年第6次印刷。

全书共16章，书中有插图4幅。

△《集体的荣誉》（又名《青年突击队》）（报告文学）

收入《五月的鲜花》，中国青年出版社1958年出版。

突围（海员朱宝庭里的一个故事）（传记）

通俗读物出版社1956年出版。

1957年　工地早晨

桃汛

严峻的时刻

施工的灵魂（小说）

《人民文学》1957年第3期；

收入《五月的鲜花》，中国青年出版社1958年出版。

新唐屯的诞生（特写）

《新港》1957年4月号。

新工种（原名《女计量工》）（报告文学）

《文艺月报》1957年第6期。

命名的传说（特写）

《人民日报》1957年6月28日。

书的主人（散文）

收入《从冰斗到大川》，上海文艺出版社1978年出版。

海滩外景（杂文）

《新观察》1957年第3期。

生活的札记（创作谈）

《人民日报》1957年11月13日。

蓝色的青棡林（长篇小说《潜力》三部曲第三部）

《收获》1957年11月第3期

“乌拉尔人”在沉思（特写）

收入《火烧林》，湖南人民出版社1984年出版。

1958年 《蓝色的青棡林》后记

《人民文学》1958年第2期。

关于“衣服”的谈话——工地信札（散文）

《处女地》1958年9月号。

在先进班组——工地信札（散文）

《处女地》1958年9月号。

我和沙娃（小说）

《红岩》1958年9月号。

一绺白发（特写）

《人民日报》1958年11月20日第8版。

三门峡截流小记（报告文学）

《人民日报》1958年11月28日。

△蓝色的青棡林（长篇小说），《潜力》三部曲第三部

作家出版社1958年出版。上部12章，下部12章。

△五月的鲜花（散文集）

中国青年出版社出版。

△青春的召唤（短篇小说集）

中国青年出版社1958年出版，1959年3月北京第2次印刷，1959年8月第3次印刷。

1959年　截流第三日（报告文学）

《延河》1959年1月号。

神门河之战（报告文学）

《收获》1959年第1期。

沁源话旧（散文）

《人民日报》1959年7月30日第8版。

永不降落的红星（散文）

《人民日报》1959年10月6日第8版。

天山红旗（特写）

《人民日报》1959年11月18日。

玉门人——记玉门1259钻井队长王进喜

《新观察》1959年第22期。

卡一霞和三八钻井队（又名《卡一霞》）（报告文学）

《光明日报》1959年12月19日。

敦煌记事（特写）

收入《雷加散文特写选》，北京出版社1982年出版；

收入《火烧林》，湖南人民出版社1984年出版。

拖拉机来的那一天（特写）

收入《火烧林》，湖南人民出版社1984年出版。

秦腔演员

1960年 地下黄河（又名《刘家峡截流记》）（报告文学）

《甘肃日报》1960年1月4日。

收入《从冰斗到大川》，上海文艺出版社1978年出版。

黄河新装（报告文学）

《人民日报》1960年1月29日、30日。

山区一日（散文）

《北京文艺》1960年4月号。

1961年 植物的话（散文）

收入《半月随笔》，京华出版社1994年出版。

白马雪山（二篇）（散文）

收入《从冰斗到大川》，上海文艺出版社1978年出版。

碧罗雪山（五篇）（散文）

收入《从冰斗到大川》，上海文艺出版社1978年出版。

1962年 接骨木林地（特写）

《人民日报》1962年4月28日。

收入《从冰斗到大川》，上海文艺出版社1978年出版。

呼渡——滇西北考察生活片断（外二章）（特写）。

《人民文学》1962年8月号。

收入《从冰斗到大川》，上海文艺出版社1978年出版。

四莽雪山（十篇）（散文）

《大公报》1962年10月6日选登。

收入《从冰斗到大川》，上海文艺出版社1978年出版。

1964年 玉龙雪山诗话（散文）

收入《从冰斗到大川》，上海文艺出版社1978年出版。

前进曲——记双层纬向平绒的诞生（报告文学）
《北京文艺》1965年8月号。

1965年　“钢铁队”在途中（特写）
《北京文艺》1965年7月号。
聚鲸洋（评介）（原作：王家斌，载《人民文学》1965年7月号）
《文艺报》1965年9月号。

1977年　她们在我们中间（小说）
收入《我站在毛主席纪念堂前》，北京人民出版社1977年9月出版。
开端——记伟大领袖毛主席视察黄河（特写）
《人民文学》1977年第10期。
一张地质图（特写）
《北京文艺》1977年第10期。

1978年　心的歌（散文）
《光明日报》1978年1月8日。
白绢花（又名《灵车西去的时候》）（小说）
《北京文艺》1978年第1期。
五月雨（小说）
《解放军文艺》1978年1月号。
从生活谈起（创作谈）
《文艺报》1978年第4期。
马家沟矿片断——地震记事（报告文学）
《北京文艺》1978年第4期。
“主二台”（小说）
《汾水》1978年4月号。

黄水谣（散文）

《河南文艺》1978年7月号。

手（外一篇:《风》）（特写）

《鸭绿江》1978年第7期。

黄河在咆哮（小说）

《人民文学》1978年第8期。

走向源头

《鸭绿江》1978年第12期。

△从冰斗到大川（散文集）

上海文艺出版社1978年11月出版。插页2幅，插图10幅。

1979年 泥土的气息（忆柳青）

《新港》1979年第11期。

八街女儿（报告文学）

《星火》1979年第2期。

英雄之路（英雄赞）（散文）

《工人日报》1979年6月5日。

战车之歌（散文）

收入《半月随笔》京华出版社1994年出版。

1980年 江河恋（又名《江河行》）（特写）

《十月》1980年第3期。

绶带（散文）

《人民日报》1980年5月10日。

向纬度挑战（特写）

《北京文艺》1980年第6期。

火烧林（散文）

《人民文学》1980年第7期。

天池怪兽目击记（特写）

《光明日报》1980年10月9日。

美的寻求（散文）

《北大荒》1980年12月号。

植物的话（散文）

《哈尔滨文艺》1980年12月号。

1981年 短些 再短些（文艺短评）

《北方文学》1981年第1期。

“火”的自述——创作札记

《沈阳师范学院学报》1981年第2期。

这里没有夏天——天池高山气象站（报告文学）

《北方文学》1981年第2期。

天池游记（特写）

《长春》1981年4月号。

足迹所到的地方（小说）

《当代》1981年第3期。

云烟滚滚春意浓——记丁玲（又名《为了未来》）

《十月》1981年第5期。

生活的海洋（文艺短评）

《文艺报》1981年第13期。

多一种艺术多一种美（创作谈）

1981年8月10日在陕西榆林地区创作座谈会上发言。

《塞上柳》1981年第3期。

童年（散文）

《延河》1981年第11期。

大运河（特写）

《人民日报》1981年12月14日。

古油矿（特写）

《光明日报》1981年12月27日。

口碑（散文）

《人民日报》1981年12月28日。

震中（特写）

《散文》1981年第12期。

高度（散文）

《北京文学》1981年第12期。

四十年代初期延安文艺活动（史料）

《新文学史料》1981年第2、3期。

1982年 四十年代初期延安文艺活动（续）（史料）

《新文学史料》1982年第1期。

心愿（散文）

《北京日报》1982年1月3日。

特写及其他（创作谈）

《延安文学》1982年第1期。

短篇小说在中国的发展（短论）

1982年2月17日在亚非短篇小说作家座谈会上的发言。

生命的绿洲（原名《我爱的书》）（散文）

《书讯》1982年2月10日。

柳赞（特写）

《人民文学》1982年第3期。

战争插曲（散文）

《山西文学》1982年第3期。

延安文艺概况（陕甘宁边区文艺活动概况）（史料）

1982年7月8日作。

谈特写（创作谈）

《五月》1982年第6期。

小岛深情（散文）

《北京日报》1982年7月27日。

白夜（又名《漠河》）（特写）

《人民日报》1982年12月21日。

边防线（散文）

1982年12月9日作。

收入《火烧林》，湖南人民出版社1984年出版。

哈尔滨街头（散文）

收入《半月随笔》，京华出版社1994年出版。

△雷加散文特写选（北京文学创作丛书）

北京出版社1982年出版，有作者近照、签名、作者的话、作者手迹、代后记。

1983年　我和特写（创作谈）

《冀东文艺》1983年第1期。

北疆特写（包括《大架子》、《军犬——“素关”》）（散文）

《解放军文艺》1983年第3期。

江东六十四屯（散文）

《五月》1983年第3期。

去塔河（散文）

《光明日报》1983年4月2日第4版。

江上快艇（散文）

《芙蓉》1983年第6期。

吴八老岛（特写）

《东辽河》1983年第4期。

古城岛（特写）

《新苑》1983年第4期。

由十八站到二十二站（散文）

《鸭绿江》1983年第5期。

白山黑水（散文）

《人民文学》1983年第5期。

界江上（特写）

《天津文艺》1983年第5期。

大地的碑（散文）

《杜鹃》1983年第6期。

大地版画（散文）

《工人日报》1983年6月22日。

过去的芦柴滩（散文）

《塞上柳》1983年6月号。

移民之路（特写）

《柳泉》1983年第5期。

“忘我”的沉思——忆吴伯箫（散文）

《十月》1983年第5期。

《三春晖》读后（评介）

《鸭绿江》函授创作中心教材（1984年1月出版）。

散文在战斗（文艺短评）

《延河》1983年9月号。

长白山的雪（又名《雪》）（散文）

《新港》1983年第7期。

颜色世界（散文）

《北京日报》1983年9月3日。

文学的道路（文艺短论）

《鹭涛》1983年第10期。

瑷珲这个地方（特写）

《鸭绿江》1983年第11期。

南来雁（报告文学）

《人民日报》1983年11月16日第8版。

△雷加短篇小说集

四川人民出版社1983年出版。有插页3幅、插图5幅、作者近照一幅。

△世界文学佳作八十篇（雷加选编）

山西人民出版社1983年出版；

北岳文艺出版社1983年出版，1985年再版。

1984年　忆街头诗（散文）

《人民文学》1984年第10期。

洪水之夜（特写）

《新观察》1984年第16期。

街洪（特写）

《人民教育》1984年12月号。

△浅草集（文论集）

福建人民出版社1984年出版。

△春到鸭绿江（长篇小说再版）

人民文学出版社1984年出版。有插页2幅。

△火烧林（散文集）

湖南人民出版社1984年出版。

“火”的自述（代序）

1985年　水碑（散文）

《翠苑》1985年第2期。

神秘之谷（散文）

《文学月报》1985年2月号。

胸章赞（散文）

《江河文学》1985年第2期。

在集体生活里（又名《在窑洞里》）（散文）

《延安文学》1985年5月号。

七个和一个（报告文学）

《中国》1985年6月号。

地球之巅（《师田手小说集》代序）

《人民日报》1985年6月27日。

满天星（散文）

《中国环境报》1985年7月9日。

游击二月（散文）

《天津日报》1985年8月15日。

高敏夫和街头诗（散文）

《西安晚报》1985年9月3日。

平原的诗（散文）

《北京日报》1985年9月7日。

大禹的队伍（散文）

《中国环境报》1985年9月21日。

女养路工（散文）

《北京日报》1985年10月9日。

同屋人（特写）

《天津日报》1985年12月5日。

一次“突击”（散文）

收入《半月随笔》，京华出版社1994年出版。

1986年 迎着时代走来的丁玲（长沙会议发言）

沙的游戏（散文）

《人民日报》1986年1月23日、24日。

首渡黄河（散文）

《黄河》1986年第1期。
成陵和云（散文）
《鄂尔多斯》1986年第1期。
选入《散文选刊》1987年第6期。
万虎赞（散文）
《神箭》1986年第1期。
大西北一角（特写）
《天津日报》1986年3月6日。
骆驼故乡（散文）
《中国环境报》1986年4月1日。
马拉深井（特写）
《北京日报》1986年4月12日。
工地（散文）
《散文世界》1986年7月号。
古直道（散文）
《中国环境报》1986年8月23日。
一次突击（散文）
《杜鹃》1986年
"百年一遇"手记（原题《安康——百年一遇的洪水》）（报告文学）
《文学月报》1986年。
大漠雷声（忆艾思奇）
《中国作家》1986年第5期。

1987年　一则传闻
《山西文学》1987年第1期。
半个世纪（《南来雁》代序）
《文艺报》1987年2月2日。

建材三日

《人民建材报》1987年3月30日。

生活的呼唤

《北京日报》1987年5月19日。

在夏村

《北京晚报》1987年6月21日。

再去房山

《人民日报》1987年7月5日。

与生活同在

《山西文学》1987年第7期。

平谷一周村

《中国企业家》1987年第7期。

为了回忆（《南来雁》后记二）

《延安文学》1987年第7期。

宛平·弹孔·红指甲

《北京晚报》1987年7月7日。

从东部到西部

《中国工商报》1987年9月8日。

定边见闻

《中国工商报》1987年9月8日。

河曲一条街

《中国工商报》1987年9月29日。

上岛

《中国工商报》1987年10月9日。

△南来雁（散文特写集）

作家出版社1987年出版。有作者小传、插图2幅。

△这里没有夏天（散文特写集）

湖南人民出版社1987年出版，有插图2幅。

1988年　守候

《光明日报》1988年3月6日。

胜利油田即景（报告文学）

《光明日报》1988年3月22日。

文学回忆（三则）

《新文学史料》1988年第3期。

一支抗战的歌

《学习与研究》1988年7月。

旱塬（报告文学）

《中国环境报》1988年6月30日。

一座丰碑

《北京日报》1988年6月4日。

列宁滩

《天津日报》1988年9月15日。

水

《湖南文学》1988年第8期。

走西口（报告文学）

《山西文学》1988年第10期。

我属于这条大河（报告文学）

《人民文学》1988年第10期。

△世界文学佳作百篇

北岳文艺出版社1988年出版。

1989年　我住在牛街那边

《北京日报》1989年1月10日。

旅途邮笺

《中国环境报》1989年1月31日。

母与女

《中国妇女报》

献上一朵鲜花

《中国妇女报》

高峰到来时

《北京日报》1989年2月20日。

关于“要求公平”

《人民日报》1989年2月24日。

颜色世界续篇

《中国环境报》1989年3月2日。

《绿色的箭羽》序

《鄂尔多斯报》1989年3月7日。

这片沼泽（报告文学）

《中国作家》1989年第3期。

北大荒的记忆

《中国环境报》1989年5月。

关于丁玲评价的几点意见

《批评家》1989年5月。

线的风光

《散文世界》。

无人岛传奇

《天津日报》1989年7月26日。

不尽的哀思——悼念舒群

《文艺报》1989年8月20日。

纺织城礼赞

《中国消费者报》1989年9月21日。

众多的星

《中国妇女报》1989年10月号。

我的标本夹子

《中国花卉报》1989年10月号。

时代与作家

《山西文学》1989年12月。

散文美

漫步高原（三节）

△沙的游戏（散文集）

春风文艺出版社，1989年11月出版。

△边城和人（散文集）

白山出版社1989年12月出版。

1990年 我期待着

《中国冶金报》

最早的和最后的（代序）

滩涂报告

《光明日报》1990年6月24日。

大地温情

《北大荒》1990年4月号。

三角洲之间（《黄河精英》序）

四十年间

《新文学史料》1990年第2、3期。

在丁玲塑像前

《丁玲纪念会刊》

雷加书信选（上中下三部，二百封信）

“知青回访”记（散文）

收入《半月随笔》，京华出版社1994年出版。

1991年 石油与文学(代序)

老街

《北京日报》1991年1月4日。

生命的跳跃

《北京日报》1991年3月1日。

辩词

《北京日报》1991年4月22日。

文学创作的自然趋势(序《太阳的骄子》)

《中国水利报》1991年4月29日。

来自黄河口的报告

《黄河文学》1991年第1期。

长城及其他

《中流》1991年第5期。

当年的作家群

《工人日报》1991年6月2日。

致罗丹(读《严峻的岁月》)

《鞍钢日报》1991年6月9日。

文学史不可忽视的现象

《文艺报》1991年8月17日。

从一个时代看一个人

《鸭绿江》1991年第9期。

难忘的岁月

《湖南文学》1991年第8期。

凉水河随想

《北京日报》1991年11月20日。

回游图

《散文》1991年第10期。

《解放区散文卷》序

祝愿

《中国环境报》

群众时代和散文

《文艺报》1991年12月8日。

1992年　半世

《北京日报》1992年1月28日。

向绿色进军

《绿叶》1992年1月号。

定位

《中国红十字报》1992年2月。

颐和园二三事

《铁流》1992年第2期。

“盛世”回忆

《散文》1992年8月号。

我走过

《今晚报》1992年11月25日。

1993年　我导游

《散文天地》1993年1月号。

《延安作家》序

《中流》1993年2月号。

战士形象（记丁玲在前线）

《新文学史料》

短论小辑

《绿叶》

1994年 这一代人——记曾克

《中国风》1994年第1期。

左联大旗下双星座——记沙汀和艾芜

《文艺报》1994年4月23日。

“二十五信”及前言（连载）

《珠海特区报》1994年5月3日—30日

温馨与尊严

《北京日报》1994年7月14日。

一份“冲动”

《珠海明镜报》1994年7月30日。

将军的话

《光明日报》1994年8月1日。

生活的奖章——纪念骆宾基

《文艺报》1994年8月13日。

祝辞

《丹东鸭纸报》1994年9月11日。

悬念

《中国作家》1994年第6期。

生活如此多彩

《人民文学》1994年第10期。

我和田风

收入《忆田风》一书

△半月随笔（散文集）

京华出版社1994年12月出版。

《生活如此多彩》（代序）

1995年 话“路”

《文艺报》1995年1月28日。

重读《一千八百担》

《中流》1995年第1期。

作家书简

《天津日报》1995年3月16日。

大众旗手——记周文同志

《文艺理论与批评》1995年第3期。

大地的歌

《北京作协通讯》1995年3月。

从流亡谈起

《环球企业家》1995年第5期。

渤海湾之夜

《文艺报》1995年7月4日。

流亡二题

《光明日报》1995年7月4日。

“夜读抄”及其他——记茅公二三事

《北京政协》1995年8月。

夏令营

《今晚报》1995年10月17日。

往事不容空白

《中国作家》1995年第6期。

我和田风

《新文学史料》1995年第4期。

从一个时代看一个人

收入《半月随笔二集》，中国文联出版公司1996年出版。

1996年　话题以外

《绿叶》1996年1月号。

森林与人类——向社会告急

《光明日报》1996年3月21日。

为了追求——记柯岗同志

《文艺理论与批评》

三门峡工地（中篇）

《十月》1996年第6期。

大地如是说（书信）

《新文学史料》。

△半月随笔二集（散文集）

中国文联出版公司1996年2月出版。

1997年 孤岛现象

《羊城晚报》1997年5月19日。

相识在七十年代

《北京日报》1997年5月27日。

为时代画像

《光明日报》1997年7月15日。

灵堂之尊

《北京日报》1997年7月17日。

读“史书”一稿

《北京晚报》1997年7月24日。

胜似医嘱

《北京晚报》1997年9月22日。

第一代康拜因手

《北京政协》1997年9月。

人 自然 散文

《安徽晚报》

寻找自己

《光明晚报》

谈散文创作

《北京晚报》

我的第一篇小说

（选入《难得第一次》）

我和闻捷

收入《雷加文集》第四卷，北京出版社2002年出版。

相聚又相随

收入《雷加文集》第四卷，北京出版社2002年出版。

1998年　向绿色进军

宛平

迎着时代走来

读书益己益人

《读书人报》

自然的骄子

《环境文学》4月8日2月号。

一面旗帜下

（崔璇研讨会发言）

五二三感言

1999年　且说“我的书”

《中国图书评论》1月号。

马应海闹红记

《延安文学》第1期。

写出当年的延安

《中流》第6期。

水的因缘

《天津日报》1999年4月5日。

她来自加格达奇

《人民日报》1999年6月18日。

馈赠之后

《中流》1999年。

红旗压城

《延安文学》

渤海印象

《霞天》

“研究专集”出版始末

“研讨会”记

临终前一刻——舒群和陈企霞

《文艺报》

文学对话

收入刘甘栗编《生活的花环——雷加文学回顾》，同心出版社2008年出版。

2000年 我和造纸工业

水利情结

世纪之交的通信

哦，花环

往事不容空白（另一篇）——纪念布鲁

收入《独特英雄》，南海出版公司2009年出版。

△雷加作品自选集（二十世纪留言文学丛书）

作家出版社2000年出版。

2001年　△雷加日记书信选

国际文化出版公司2001年出版。

目次：上卷：十年日记选（1987—1996年）

下卷：书信选

2002年　△雷加文集（四卷）

北京出版社2002年出版。

第一卷总目：长篇小说《潜力》三部曲

第一部：《春天来到了鸭绿江》

第二部：《站在最前列》

第三部：《蓝色的青棡林》

第二卷总目：

《生活如此多彩》（代序）、《半月随笔一集》、《半月随笔二集》

第三卷总目：散文、中短篇小说

第四卷总目：报告文学、特写

《海员朱宝庭》、《匈捷访问记》

2005年　呼唤自我、不忘过去（为吴子斌《少年沉浮记》作序）

2005年2月20日

世纪之门——我与马加的同一经历

2005年4月10日

一次谈话：由骆宾基谈到萧红

2005年12月

2006年　不算传说

2006年2月25日

说起朱寨

2006年6月9日—10日

说说三门峡

2006年6月30日

2007年 △延安世纪行（散文选编）

作家出版社2007年出版。

△我属于这条大河（散文选编）

作家出版社2007年出版。

说说原生态歌手：小崔和阿宝

2007年1月1日

为自己所见作证

2007年4月6日

童年

2007年12月1日

随笔：照片及其他

2006年3月—2007年8月

七十四朵玫瑰

（为张丽妧《一生要知道的中国文化名人》所作“引言”）

2007年7月

风光无限——文学回忆

收入刘甘栗编《生活的花环——雷加文学回顾》，同心出版社2008年出版。

2011年 △白马雪山　碧罗雪山　四莽雪山（散文集）

云南人民出版社2011年出版。

附：有关雷加的研究专集

1. 雷加研究专集（中国当代文学研究资料）

   康平编

   湖北教育出版社1990年出版

2. 生活与美——雷加研究

   刘甘枼编

   作家出版社2001年出版

3. 生活的花环——雷加文学回顾

   刘甘枼编

   同心出版社2008年出版

4. 时代歌者——纪念雷加

   刘甘枼编

   作家出版社 2010年出版

5. 雷加文学谈话

   刘甘枼编

   时代华文书局2014年出版

图书在版编目（CIP）数据

阅读雷加：一个作家的人生画传 / 刘甘栗编．—北京：
文化艺术出版社，2014.8
（中国现代文学馆钩沉丛书）
ISBN 978-7-5039-5846-5

Ⅰ.①阅… Ⅱ.①刘… Ⅲ.①雷加（1915～2009）
—传记—画册 Ⅳ.①K825.6-64

中国版本图书馆CIP数据核字(2014)第173238号

阅读雷加

——一个作家的人生画传

编　　者　刘甘栗
责任编辑　斯　日
装帧设计　马夕雯
出版发行　文化艺术出版社
地　　址　北京市东城区东四八条52号　（100700）
网　　址　www.whyscbs.com
电子邮箱　whysbooks@263.net
电　　话　（010）84057666（总编室）　84057667（办公室）
　　　　　84057691—84057699（发行部）
传　　真　（010）84057660（总编室）　84057670（办公室）
　　　　　84057690（发行部）
经　　销　全国新华书店
印　　刷　国英印务有限公司
版　　次　2014 年 9 月第 1 版
印　　次　2014 年 9 月第 1 次印刷
开　　本　787毫米 × 1092 毫米　1/16
印　　张　20.25
字　　数　100千字　图片300余幅
书　　号　ISBN 978—7—5039—5846—5
定　　价　49.80 元